U0067456

語言起步走
學前幼兒語言誘發活動書

林桂如 ● 主編

林桂如、洪右真、余雅筑 ● 等著

杜明蓁 ● 繪

目次
CONTENTS

主 編 者 簡 介

林桂如

學歷：國立高雄師範大學特殊教育學系博士

臺北市立師範學院身心障礙教育研究所碩士

東吳大學社會工作學系學士

現職：財團法人雅文兒童聽語文教基金會／聽語科學研究中心研究員

中原大學特殊教育學系兼任助理教授

證照：國民小學教師證書

著作：《帶得走的溝通技巧：聽覺障礙學童溝通修補教學策略手冊》

（新北市：心理）

《以家庭為中心的聽覺障礙早期療育：聽覺口語法理論與實務》

（主編，新北市：心理）

《一玩就上手：學前兒童口腔動作遊戲活動手冊》（臺北市：心

理）

《讓他聽清楚說明白──認識聽覺口語法修訂版》（主編，臺北

市：財團法人雅文兒童聽語文教基金會）

作 者 簡 介

林桂如

學歷：國立高雄師範大學特殊教育學系博士

臺北市立師範學院身心障礙教育研究所碩士

東吳大學社會工作學系學士

現職：財團法人雅文兒童聽語文教基金會／聽語科學研究中心研究員

中原大學特殊教育學系兼任助理教授

洪右真

學歷：德國緬因茲大學語言學博士

德國馬堡大學語言與溝通學系學士

天主教輔仁大學德語語文學系學士

現職：財團法人雅文兒童聽語文教基金會／

聽語科學研究中心研究員兼副主任

中原大學特殊教育學系兼任助理教授

余雅筑

學歷：中原大學特殊教育學系碩士

中原大學特殊教育學系學士

現職：財團法人雅文兒童聽語文教基金會／

北區教學研發部聽覺口語師兼教學主任

繪者簡介

杜明蓁

就讀：三重高中附設國中部美術班

殊榮：總統奮發向上獎、特殊展能市長獎、第 18 屆文薈獎圖畫書

第一名等多項獎項

推薦序一

　　本人與雅文兒童聽語文教基金會結緣，始自 1997 年我剛從英國修習聽力學碩士學位回臺灣之後。當時剛好創辦人 Joanna 女士與我討論，欲發起臺灣新生兒聽力篩檢，於是我們與雅文合作，率先於 1998 年在臺北馬偕醫院施行免費的新生兒聽力篩檢。經過十幾年的推廣耕耘，終於引起政府單位衛生署（今衛生福利部前身）的重視，而能於 2012 年開始進行全面性公費的新生兒聽力篩檢。在我與雅文結緣的這二十多年當中，曾參與很多雅文基金會的活動，如早期雅文基金會師資培訓的課程，也不時參加基金會裡所舉辦之人工電子耳的病友座談會，以及參加很多的才藝演出活動，自己多年來也承諾當雅文的終生志工。近年來，深感於聽覺口語教育對早期聽障療育的重要性，我們在 2012 年創設馬偕醫學院聽語學系的籌備過程裡，也將聽覺口語的學程列為學校的特色之一。

　　綜覽本書內容，是由林桂如博士主編，並協同洪右真博士、余雅筑聽覺口語師及教學研究團隊，大家一同努力創作而成。本書的中心思想是要說明：幼兒導向式語言（child-directed language）的概念、影響、對特教的啟示，以及在日常生活中的應用。我欣見雅文基金會將多年來致力於提升聽障兒家長在孩子早期語言輸入的寶貴經驗，轉化為幫助一般幼兒、語言發展遲緩的高危險族群，並搭配生動的線上影音，更具體傳達實踐於日常生活互動的技巧內容，相信定能嘉惠許多家長及相關專業團隊。

　　本書出版的重要性，在於為臨床的聽語教育工作者及我們的家長，提供一個系統化引導孩子從與大人們的互動語言中學習的方向，亦提醒所有家長們正視自身對於孩子早期語言發展的重要性。本書出版之際，個人有幸先睹為快，在深致慶賀之餘，特綴數語予以推薦！

馬偕醫學院聽力暨語言治療學系教授兼系主任
馬偕紀念醫院耳鼻喉科資深主治醫師

林鴻清　謹識

2021 年 12 月

推薦序二

　　與雅文相遇是在我畢業回國到中原大學服務的第一年，那時就深深被雅文基金會的創辦人 Joanna 女士的故事所震撼。這是一位為了孩子的需要鍥而不捨地遍尋解方，從不輕言放棄的偉大母親。而不僅於此，因著自己孩子所經歷的收穫，她巴不得所有有同樣需要的孩子都能獲得這樣的治療，慨然無私慷慨地分享她所擁有的經驗和資源。

　　但光有夢想是不夠的，特別是這個夢想是如此地浩大無邊。雅文基金會不只想幫助臺北的孩子，不只想幫助臺灣的孩子、中國的孩子……，我感覺雅文的夢想是沒有圍牆、沒有國界的。如何能一步一步扎實地擘劃經營這個偉大的夢想？從篩檢、評量、教材教具、空間設備、師資培訓、追蹤研發等等理不完的工作清單，這繁複和巨大的工程真是令人難以想像。但雅文就這麼年復一年，像殷勤的農夫那樣不斷地撒種、耕耘、灌溉、施肥……，同時無比耐心地等候寶貴的出產。自從我擔任中原大學特教系系主任之後，更多機會近距離合作，也更深體驗到雅文基金會起而行的執行力，充分體現了 Joanna 女士鍥而不捨的熱忱與無私的精神。

　　這本書就是雅文寶貴的出產之一。透過三位老師無間的合作，將縝密的學理深入淺出地解說和示範，配合貼近生活情境的實用指引，再透過生動的口吻來描述和解說，讓家長或老師可以很容易理解孩子早期語言發展的原理原則，同時也能快速有效地掌握和孩子的互動語言技巧，並應用於日常自然生活情境中來引導幼兒發展出適齡的語言能力。

　　《聖經》裡說一粒麥子落在地裡能結出許多子粒來；雅文基金會撒下了許許多多的麥子，這本書顯然也是其中很美好的一粒麥子，相信它將要結實百倍，祝福無數的老師、家長和孩子。

中原大學特殊教育學系副教授兼系主任

曾淑賢

2021 年 11 月

主編者序

　　每一本書的完成、付梓印刷，都象徵著過去某一個時空下，曾經起心動念的構想得以具體化的呈現與表達。文字的起落間，看似是匯集實徵研究與實務教學，其實，更多的時候，寫的是作者對於教育工作最初的熱情。是這樣的執著，敦促自己反芻學理上所學所知，並細細咀嚼實務上經歷過、思考過的概念，期待最後能帶給讀者閱讀上客觀的視框與帶得走的技巧。

　　從事聽障教育工作多年，我依然珍惜和每一位聽障幼兒及家長相處的時光，從他們的身上，我總能看見許多身為家長特有的韌性。當隨著時間流轉，看著這群幼兒在家長的努力和雅文基金會團隊的陪伴下，逐漸成為能與世界溝通無礙的個體，欣慰之餘，更希望集結雅文多年來致力深耕聽語教學的專業，分享如何在最真實的日常生活中，透過有效誘發學語初期幼兒語言發展的互動語言形式、技巧與活動，提供家長、主要照顧者和學前相關的教育工作者作為引導幼兒發展適齡語言的參考，平順陪伴孩子成長！

　　環顧國內學前幼兒語言引導或遊戲的書籍所在多有，然而，由長期致力於提升聽障嬰幼兒的家長對孩子互動語言質與量的專業團隊執筆，同時結合理論與日常生活實例者仍少有論述。因此，我和右真在多次討論下，興起共同執筆的想法，並且欣見後續加入實務經驗豐富的雅筑和聽覺口語教師群，讓本書內容更容易落實在生活中。

　　本書付梓之際，由衷感謝在聽障教學工作中相遇的學生、家長、雅文基金會的同事們和我摯愛的家人們。同時，也感謝我可愛的學生明蓁協助繪製全書插圖，身為聽障和美術資優的雙重殊異學生，她總是勇於不斷挑戰自我。最後，感謝所有參與活動設計和校對的雅文夥伴、辛苦剪輯影片的余婕，以及心理出版社的執行編輯汝穎和林敬堯總編輯。全書版稅將全數作為雅文基金會公益用途；內容上如有疏漏，也期盼各方先進不吝指教。

林珮如

2022 年 2 月

第一章

說在前頭

林桂如、洪右真

> 「來來來，喝ㄋㄟ·ㄋㄟ囉！」
> 「嗯臭臭了嗎？媽媽幫弟弟把臭臭洗乾淨！」

當我們對著嬰幼兒說話的時候，說出來的語言總不自覺地切換成一種誇張逗趣的頻道，尤其是當身邊的人也幾乎清一色這樣和嬰幼兒說話時。這個雙聲道按鈕，更總是在面對嬰幼兒時自動開啟。

這類語言稱作「幼兒導向式語言」（child-directed language），是為了想讓嬰幼兒了解大人的話語所產生的語言形式，其特色主要為：用較為簡單的詞語、用誇張的語調說話、使用疊字詞、較多重複、伴隨較誇張的表情動作等。當前相關研究多肯定主要照顧者自然運用幼兒導向式語言和幼兒互動時，有助於幼兒的語言發展。

在一般嬰幼兒的親子互動中，時常見許多大人們會不假思索地運用幼兒導向式語言和孩子互動，然而，如欲將幼兒導向式語言作為有效誘發兒童語言發展的媒介，則仍宜謹慎、客觀了解其特徵與影響，尤其是應用在身心障礙孩子的語言／言語引導上。藉由敏感於孩子的需要，並適時銜接至一般音量、語速、動作表情等說話方式的成人導向式語言，方能引導孩子展現適齡的語言能力！

■ 家長是幼兒的第一位老師,透過家長的引導,孩子能最自然地學習語言。

幼兒導向式語言的定義

　　我們面對幼兒時,常自然而然地轉換說話的語調、增加許多誇張的肢體動作和表情。在研究和實務上,這樣的溝通方式常因說話者和受話者的角色而擁有不同的名稱。舉例來說,以說話者角度使用的用詞,包括「媽媽語」(motherese)、「爸爸語」(fatherese)、「家長話」(parent talk)或「家長語」(parentese)(Horgan & Gullo, 1977; Ramírez-Esparza, García-Sierra, & Kuhl, 2014, 2017)等;而以受話者為出發點來命名者,則有「寶寶語」、「兒話語」(baby talk)(Ferguson, 1964)或「嬰兒導向式言語」(infant-directed speech,簡稱 IDS)

（Estes & Hurley, 2013）。在使用幼兒導向式語言時，成人手勢和肢體
動作也會伴隨高低起伏的說話節律頻繁出現，其臉部表情也經常變得
誇張，因此又有人將其稱為「動作語」（motionese）（Brand, Baldwin,
& Ashburn, 2002）或「幼兒導向式動作／手勢」（child-directed action/
gesture）等。無論如何，這些五花八門的用詞其實所指的都是同一件事
情。

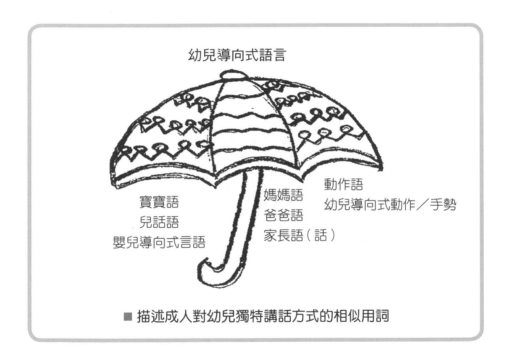

幼兒導向式語言

寶寶語
兒話語
嬰兒導向式言語

媽媽語
爸爸語
家長語（話）

動作語
幼兒導向式動作／手勢

■ 描述成人對幼兒獨特講話方式的相似用詞

　　為避免使用上述「寶寶語」、「媽媽語」或「動作語」這類角色或
語言範疇較侷限的名稱，本書採用「幼兒導向式語言」一詞，泛指成人
對學語初期幼兒普遍互動的溝通方式。
　　不過，究竟是什麼關鍵促使大人們面對孩子時會不自主地切換成
「兒童頻道」？是依據孩子的年紀大小？還是其他因素？研究發現，

成人互動者通常會依據孩子的語言發展狀況來決定（Bergeson, Miller, & McCune, 2006），也就是說，即使是年紀較大的孩子，倘若其語言發展較為遲緩，成人也會傾向選擇幼兒導向式語言來進行溝通。例如，對於多數的聽覺障礙（以下簡稱聽障）孩子而言，語言發展成熟度和生理年齡並無顯著相關，而是多和開始接受聽覺刺激的時間（又稱「聽覺年齡」）有關（Yoshinaga-Itano, Sedey, Coulter, & Mehl, 1998）。因此，這也是為什麼我們在實務上常可觀察到語言發展較為遲緩的身心障礙孩子，其家長在褪除幼兒導向式語言的時間上，普遍有較一般孩子的家長晚的趨勢。

貳 本書內容說明

　　幼兒導向式語言是主要照顧者和幼兒互動時常用的語言。成人會依據當前孩子的語言程度，運用幼兒導向式語言的輸入技巧，在互動時調整語言的內容和形式，以協助幼兒逐步發展出口語理解和溝通表達的能力。

　　正因為幼兒導向式語言是需要隨著孩子年齡、語言能力改變而調整的動態語言，本書除了著重分享幼兒導向式語言的概念、影響、在教育上的應用，亦進一步分享有效結合自然情境的活動設計與引導，提供具體可參考的 12 個日常活動設計，並搭配掃描 QR Code、即時觀看線上影片示例，期待能作為一般幼兒與身心障礙幼兒家長及相關教學者的參考，在最自然、趨近兒童日常生活中引導幼兒發展出適齡的語言能力。

Bergeson, T. R., Miller, R. J., & McCune, K. (2006). Mother's speech to hearing-impaired infants and children with cochlear implants. *Infancy, 10*(3), 221-240.

Brand, R. J., Baldwin, D. A., & Ashburn, L. A. (2002). Evidence for 'motionese': Modifications in mothers' infant-directed action. *Developmental Science, 5*(1), 72-83.

Estes, K. G., & Hurley, K. (2013). Infant-directed prosody helps infants map sounds to meanings. *Infancy, 18*(5), 797-824.

Ferguson, C. A. (1964). Baby talk in six languages. *American Anthropologist, 66*(2), 103-113.

Horgan, D. D., & Gullo, D. F. (1977). *Motherese, fatherese, androgynese*. Paper presented at Toward the Competent Parent: An Interdisciplinary Conference on Parenting. Atlanta, GA: Indiana University, Bloomington.

Ramírez-Esparza, N., García-Sierra, A., & Kuhl, P. K. (2014). Look who's talking: Speech style and social context in language input to infants are linked to concurrent and future speech development. *Developmental Science, 17*(6), 880-891.

Ramírez-Esparza, N., García-Sierra, A., & Kuhl, P. K. (2017). Look who's talking NOW! Parentese speech, social context, and language development across time. *Frontiers in Psychology, 8*, 1008.

Yoshinaga-Itano, C., Sedey, A. L., Coulter, D. K., & Mehl, A. L. (1998). Language of early- and later-identified children with hearing loss. *Pediatrics, 102*(5), 1161-1171.

第二章

從語言學談幼兒導向式語言

洪右真

> 有趣的聲音和詞彙搭配生動的演繹和肢體動作，讓人特別容易記住和理解。
>
> ——Weitzman（2017）

面對幼兒時轉換說話方式的行為，似乎是一種跨語言的普遍現象。若仔細分析幼兒導向式語言的組成元素，就會發現這種獨特的溝通方式不僅只是將說話嗓音提高而已，就如 Weitzman（2017）所描述的，除了聲音外，語詞句型、肢體動作和臉部表情全部都得一併到位，才能交織出幼兒導向式語言的立體面向，精準傳遞溝通意圖。

若我們將幼兒導向式語言拆解成主語言（linguistics）、副語言（paralingusitics）和非語言（extralinguistics）三個面向來討論，將會發現有些面向的特徵是跨語言並共同存在的，有些卻不然。

在這個章節裡，筆者將先針對具有高度共通性，且最為人知曉的副語言來說明，包括說話時的語調、重音和速度等；接著在主語言的框架下討論幼兒導向式語言特有的詞彙類別、音韻特性和句型特徵；最後亦會描述常伴隨幼兒導向式語言出現的一些非語言特徵，如手勢和表情。

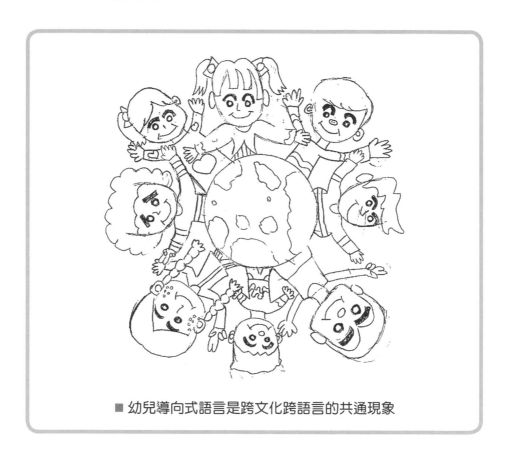

■ 幼兒導向式語言是跨文化跨語言的共通現象

壹 副語言：鮮明的語調韻律

　　副語言是指說話時，因為溝通意圖不同而產生的聲音變化，包括語調、音量、語速或停頓等。相較於一般成人間的對話，幼兒導向式語言裡最顯而易見的特色便是韻律（prosody）的變化。如果有和幼兒互動的經驗，就不難發現自己常會不自覺使用高亢的語調搭配較為緩慢的節奏來說話，不僅咬字清楚、斷句分明，甚至講到重點時還會特別拉長詞彙的發音，為的不外乎就是吸引孩子注意力，並營造一個充滿正向情緒

的氛圍。

　　語言學家拆解分析這樣的溝通模式後，發現幼兒導向式語言裡的平均音高（pitch）偏高，而且講話過程中的音高變化範圍也比平常說話時大許多。不僅如此，韻母發音的平均時長和語詞間空白的長度也跟著變長，使得整體語速較慢，讓字字句句聽起來更加清楚（Fernald, 1989; Fernald & Kuhl, 1987）。

　　搭配圖 2-1 的聲譜圖，會更清楚地看見差別。同樣是「哇，你看，是一隻大猩猩耶！」這一句話，說話的韻律便會因傳遞對象而有差異。圖中白線標記著音高軌跡，即使肉眼也可分辨在幼兒導向式語言裡有較多的高低起伏，宛如嶺谷般的地形，顯示音高的高低落差大，起伏要比成人導向式語言來得明顯。

　　若將這兩段聲音運用聲學軟體（Praat，版本 6.0.40）分析，可發現幼兒導向式語言的平均音高較高之外，其廣度（音高最大值和最小值的差異）在這段錄音檔裡可達 168 Hz，相較於成人導向式語言的 108 Hz 要來得大；而若以講話時長來看，幼兒導向式語言因為語速較慢，整體語句時長要比成人導向式多了約一秒鐘。

　　除了明顯的音高轉變外，Piazza、Iordan 與 Lew-Williams（2017）在分析以英文和非英文為母語的各 12 名母親的音檔後發現：無論哪一種語言，母親在轉換成人和幼兒導向式語言時，都會一致地改變她們的音色（timbre）。所謂的「音色」，就是聲音的特性，也就是當我們聽到音高或是音量一樣的聲音時，仍然可以分辨其異同的原因。就好比鋼琴和小提琴演奏同樣的曲子時，因為音色不一樣，聽起來的感覺也不同。有趣的是，即使運用軟體將聲音裡的基本特徵（如：音高）抽離，機器還是可以透過音色來正確分類幼兒或是成人導向式語言，代表幼兒導向式語言的聲學表現並非只是單純的音高起伏或韻律節奏，就連決定

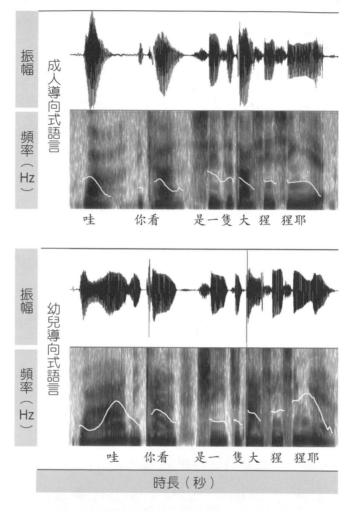

振幅

成人導向式語言

頻率（Hz）

哇　你看　是一隻大猩猩耶

振幅

幼兒導向式語言

頻率（Hz）

哇　你看　是一　隻大　猩　猩耶

時長（秒）

圖 2-1 ▪ 成人導向式與幼兒導向式語言的聲譜圖。幼兒導向式語言的
說話韻律鮮明，不僅平均音高較高，且高低起伏大。

音色的諧波（harmonics）也扮演著重要的角色。

　　基於這些觀察，有學者轉而從生物演化的角度來探討幼兒導向
式語言，認為這種獨特的聲音表現是一種人類的適應機制（adaptive
mechanism），其多變的語調節奏傳遞蘊含不同意義的訊號，如「安

撫」、「准許」、「禁止」和「注意」，特別有利於照顧者與嬰幼兒溝通，可以避免危險、提高生存機會（Fernald, 1992）。

　　而這個假設也陸續透過不同實驗被驗證。其中，2007 年有一組研究團隊讓一群居住在厄瓜多亞馬遜叢林裡的舒阿爾人（Shuar）分別聽了若干幼兒或成人導向式的英文語句。結果發現，這群幾乎與世隔絕且主要語言為舒阿爾語的原住民即使聽不懂英文，也還是能正確分辨這些語句的溝通對象為幼兒還是成人。不僅如此，他們甚至還能辨認語句背後的溝通訊息，如「安撫」或「注意」等（Bryant & Barrett, 2007）。這項研究顯示，即便是語言發展才剛起步的孩子，也極有可能聽懂幼兒導向式語調中的溝通意圖。

 主語言

　　除了豐富的語調變化外，語言學家 Ferguson（1964）還曾針對不同語言中的幼兒導向式用法進行相當縝密的觀察和剖析，其中包括敘利亞地區的阿拉伯語、印度的馬拉提語（Marathi）、北美印第安人的柯曼切語（Comanche）、西伯利亞的吉利亞克語（Gilyak，今改稱尼夫赫語）、美式英語，以及西班牙語。就他的觀察，這些語言裡都存在著幼兒導向式用語，即使這六種語言差距甚大，但在許多層面上，如音韻（phonology，指一種語言中的語音組成系統）或是語構（morphology，又稱構詞，指一種語言中的詞彙組成規則），都可以找到相似的特徵。接下來，我們將在主語言的框架下依序討論常見的幾種幼兒導向式語言結構。

一、簡化的詞彙

面對還沒有什麼話語能力的孩子，成人常會簡化用語，例如用「熊熊」來取代「臺灣黑熊」，或用「狗狗」來代替「柴犬」。雖然用詞稍嫌不精確，但這樣簡化的用詞卻能幫助幼兒理解指稱的對象，提升溝通的流暢性。這些簡化詞彙的結構大致上可分為三類，分別是「疊字詞」、「指小詞」和「擬聲詞」。在不同的語言裡，這些特徵的表現也有強弱之分，如在中文裡，疊字詞的使用就很常見。

（一）疊字詞

在幼兒導向式的詞彙裡，我們常常可以觀察到音韻結構重複的現象（Ferguson, 1964; Gervain & Werker, 2008; Ota, Davies-Jenkins, & Skarabela, 2018; Ota & Skarabela, 2016）。在許多語言裡，如英文或西班牙文，常會以「完全」或「部分」重複音韻結構來創造新的幼兒導向式詞彙以取代一般用語，像是英文裡以 choo-choo 代替火車（train），或是西班牙文裡 chichi 指稱肉（carne），就是「完全」重複音韻結構的用法；而英文的 daddy（dad／爸爸）和西班牙文的 mami（madre／媽媽）則是重複「部分」音韻結構的例子。

中文的幼兒導向式詞彙也會強調音節的重複，不同於上述外語大多為與一般用語大相逕庭的新創詞彙，中文裡的疊字詞則大多是由原本詞彙中的成分重複堆砌而成，如：「布布」替代「尿布」、「嘴嘴」取代「奶嘴」等。這樣的現象可能與中文一字一音、一音一義的特性相關聯，也因此使得中文疊字詞的使用與一般狀聲詞或替代詞不盡相同，因其與一般用語的字音與字義相似度較高。

若觀察這些由成人用語轉換來的幼兒導向式詞彙，便不難發現此類

用語大多為名詞和動詞。名詞大多為幼兒常接觸的生活用品、食物、動物或是身體部位，如「被被」或「腳腳」；動詞則大多用來描述幼兒或主要照顧者日常會進行的活動，如「抱抱」或「吹吹」。相較之下，形容詞中雖然不乏有疊字結構，但其用法不限於以幼兒為對象，也頻繁出現在一般成人對話中，如「臭臭的」、「燙燙的」、「香香的」。使用率較為頻繁的疊字名詞和動詞或許和溝通實用性以及兒童語言發展有關；比起形容詞和副詞，名詞和動詞的語意概念相對具體，且為兒童最早習得的語彙類別（Yeh, 2009）。

■ 大人常會使用疊字詞和幼兒說話，例如：「妹妹來，嘴嘴張大大，吃飯飯囉！阿姆～阿姆～。等等還有好好吃的菜菜！吃飽飽才會長高高，變壯壯！」

（二）指小詞

「指小詞」（diminutive）是許多語言中常見的幼兒導向式構詞法，通常以後綴（suffix）形式出現（Jurafsky, 1996）。當詞尾加上指小詞綴時，其所指稱的對象就會有「縮小」的感覺，賦予迷你小巧可愛又充滿親暱感的衍伸意義（Ota et al., 2018）。

英文中的指小詞如 doggy、birdie、kitty，就是從正式名詞 dog、bird 和 cat 轉變而成；人名上也有類似的用法，如 Billy、Jackie 和 Johnny。然而在英文裡，許多指小用法已經詞彙化（lexicalized），一般人在日常情境下也會使用，且不一定會將該詞和擬小化的特徵連結在一起，例如：tummy（肚子）、booklet（小書）或 cookie（餅乾）。

相較之下，西班牙文或俄文的指小詞用法就非常生氣蓬勃，其搭配指小詞綴的名詞占了幼兒導向式詞彙的 40% 左右，數量相當多（Kempe, Brooks, & Pirott, 2001）。在西班牙文中，一般詞彙僅需在詞尾加上詞綴 -ita 或是 -ito 就會變成幼兒導向式用詞，例如：稱謂 mamita（媽咪）、一般名詞 vaquita（小牛）、形容詞 poquito（一丁點），或是時間副詞 ahorita（現在兒）。相較之下，中文的指小詞就十分罕見，僅有如「兒」偶爾會用到，像是「花兒」或「貓兒」。

（三）擬聲詞

疊字詞和指小詞會因為語言的特性而有使用頻率的多寡，然而「擬聲詞」（onomatopoeia）卻似乎通行於各語言間，成為幼兒界中的共通語言。擬聲詞，顧名思義就是利用語音來揣摩物體會發出的聲音，建立一個與物體外顯特徵有直接關聯的命名標籤。例如：中文的「汪汪」、英文的 woof-woof、德文的 wau-wau、西班牙文的 guau guau，都是用來

形容狗叫聲的擬聲詞。除了動物外，交通工具行駛時的聲響也是常見的擬聲對象，如：救護車的中文擬聲「歐咿歐咿」、英文的 wee-woo、西班牙文的 nino-nino 和德文的 ta-tü-ta-tü。就連日常生活裡的動作也可用聲音詮釋，好比「哈啾」用來形容打噴嚏、「叩叩叩」用來形容敲門，或「咕嚕咕嚕」用來比擬喝水或漱口。

　　擬聲詞使用之廣，連許多繪本都以它為素材來編撰旁白，透過豐富多變的仿聲渲染，引領孩子用耳朵走進故事，從聲音感知情節。像是繪本《小小人兒來幫忙》（劉握瑜譯，2018）就提供許多擬聲詞來模仿不同動作的聲音，例如：打蛋時候的「喀啦」聲，或攪拌麵糰時的「咕嚕」聲。家長共讀時配合情境發出忽大忽小、時快時慢的擬聲詞，再搭配誇張的打蛋或攪拌動作，包準讓幼兒聽得津津有味、笑得前仰後合。

■ 透過擬聲詞讓故事更有張力。大野狼躡著腳跟來到門前「叩、叩、叩」敲著木板門，門後的小豬緊張到滿頭大汗，心臟「噗通噗通」地跳，都快跳出來了。

如前面提到的，在許多語言裡，幼兒導向式的詞彙常以「疊字詞」、「指小詞」或「擬聲詞」的型態出現，表 2-1 針對不同語言和型態各舉一個單詞作為例子，讓讀者更能體會這些詞彙結構的無所不在。

表 2-1 ▪ 幼兒導向式詞彙的常見型態

語言	疊字詞	指小詞	擬聲詞
中文	水水	花兒	歐咿歐咿 （警笛聲）
英文	wawa （水水）	potty （廁所）	wee-woo （警笛聲）
日文	トト （音同 toto， 魚魚）	お姉ちゃん （音同 oneechan， 小姊姊）	ピーポーピーポー （音同 pīpō pīpō， 警笛聲）
西文	chichi （肉肉）	cortito （小不點）	nino-nino （警笛聲）
德文	Nunu （嘴嘴）	Blümchen （小花兒）	ta-tü-ta-tü （警笛聲）
法文	dodo （睡覺覺）	chiot （小狗狗）	pin-pon （警笛聲）

二、簡單句型且重複性高

除了詞彙結構的改變外，成人互動者在講話時選用的句型、句長及複雜度也有所調整，通常會利用較短且結構簡單的語句來表達自己的想法或給予指令。因此幼兒導向式語言的平均語句長度，通常較成人導向式語言要來得短。

在一個英文語料分析的研究中（Cameron-Faulkner, Lieven, & Tomasello, 2003），研究者針對 12 對母子／母女的對話進行幼兒導向

式的句型分析。結果發現，在和這群 2 歲左右的幼兒互動時，照顧者最頻繁使用的幼兒導向式語句以問句和片斷（fragments）句型為主，分別約占總語料的 32% 和 20%。Wh- 句型裡又以 What 為首的問句最為頻繁，這個現象似乎和中文語境中親子對話常出現「這是什麼？」、「那是什麼？」、「你說什麼？」、「你要什麼？」的情況不謀而合。另一種常用的片斷句型指的則是不完整的句子，通常缺少動詞，但都是符合情境的用法，例如：為回覆問題的簡答「好呀！」或「這個」。

不過，隨著幼兒年紀的增長，語句平均長度也越來越長，語句結構也會越來越複雜（Kaye, 1980; Papoušek, Papoušek, & Haekel, 1987）。例如：對 1 歲左右的幼兒，成人傾向使用短且簡單的句子（但通常會再搭配手勢和表情讓訊息更完整），如「飯飯，燙燙！小心！」；而隨著幼兒發展，句子的完整度和複雜度皆會提高，如「飯飯很燙，墨墨小心！先吹吹，再吃。」

除了簡單句型的使用外，成人互動者還會偏好將新的或是焦點訊息擺放在句末且不斷重複（Fernald & Mazzie, 1991; Fisher & Tokura, 1996; Singh, Morgan, & Best, 2002; Snow, 1972）。另有研究發現，若新的詞彙擺放在句尾並搭配幼兒導向式的誇張音高表現，即使是運用在年齡較大的學童身上，也能在他們身上看到顯著的學習成效（Filippi, Laaha, & Fitch, 2017）。

三、具體的時空和人稱

幼兒導向式語言的對話內容普遍著重於敘述在「這裡」和「現在」發生的事，通常會著重在幼兒正在看或做的事。另外，照顧者也偏好使用第三人稱角度敘事，鮮少直接使用「你」和「我」等比較抽象的代名

■ 在和幼兒對話時，成人偏好將焦點訊息擺放在句末並多次重複。媽媽指著前方的狗狗說：「墨墨，看，狗狗耶！是小唯姊姊家的狗～狗～喔！」

詞，例如：「幫媽媽放放」，而不是「幫我放放」，或是用「墨墨把玩具收好了」取代「你把玩具收好了」（Ferguson, 1964; Saint-Georges et al., 2013）。使用具體的名稱不僅可以幫助幼兒建立物體／人物和名稱間的連結，也可以協助他們釐清指代的對象。然而隨著孩子年齡的增長，建議也可以把代名詞有技巧地放入對話中，讓孩子在自然情境中習得代名詞的意義和用法。

■ 隨著孩子的語言發展，可以從具體的第三人稱逐漸轉換成抽象的代名詞。過渡期時可以兩種用法伴隨運用，幫助孩子理解代名詞，例如：「小唯在收玩具耶！對，你把玩具收好了。小唯真棒！」

 非語言

　　非語言包括了說話時的體態、臉部表情、肢體動作、眼神注視、和對談者的距離等。我們常會在許多地方讀到幼兒導向式「言語」（child-directed speech），不過這樣的用詞卻容易讓人誤會幼兒導向式語言的特色僅侷限於「言語說話」的層面。其實，當成人在和幼兒互動時，不單只是語言中出現化學變化，就連肢體動作和面部表情都會顯得生動許多，洋溢著喜樂專注的神情（Chong, Werker, Russell, & Carroll, 2003; O'Neill, Bard, Linnell, & Fluck, 2005）。

一、豐富的肢體動作和臉部表情

在使用幼兒導向式語言時，成人的手勢和肢體動作也會伴隨高低起伏的說話韻律頻繁地出現，其臉部表情也經常變得較為誇張，自然散放出豐富的情感，這類行為通常被稱為「動作語」（Brand, Baldwin, & Ashburn, 2002），其他名稱還有如「幼兒導向式動作／手勢」等。依據 Brand 等人（2002）的分析，幼兒導向式動作語的特色可以整理成表2-2。整體來說，幼兒導向式動作語比起成人間的要簡化許多，通常不會有太多且複雜的連續動作出現，動作和動作間的停頓也相對較多。有研究甚至發現，即使把成人的臉遮蔽起來，幼兒還是會偏好幼兒導向式的動作語，說明誇張的面部表情不是吸引視覺注意的唯一原因（Brand & Shallcross, 2008; Koterba & Iverson, 2009）。

表 2-2 ▪ 幼兒導向式動作語特徵

較近的距離	在互動時會更靠近幼兒一些，例如：成人常常會讓幼兒倚靠在自己身邊，或是在共讀時會環抱著孩子。
較多的熱情	通常會透過面部表情和大的肢體動作來傳遞，眉飛色舞、手舞足蹈大概是最好的詮釋吧！
較頻繁的互動	眼神接觸的頻率提高，且共同注意物品的時間更長，例如：來回輪替拿積木一起疊高高。
較高的重複性	同樣的動作重複次數比較高，例如：拿著小飛機重複上下擺動，模仿飛機翱翔的模樣。
較大的動作	在和幼兒互動時，肢體動作的擺動幅度皆會變大，例如：和幼兒道別時的 bye bye 手勢要比和成人道別時來得誇張些。

■ 一同遊戲時，成人會自然靠近孩子，並透過誇張和不斷重複的肢體動作，凝聚彼此的注意力。若能同時做到跟隨孩子興趣，不強迫孩子遵照自己的方式進行，將能更有效吸引孩子的注意力。

二、正向的情緒表達

　　透過輕重明顯、音高變化鮮明的語調韻律，幼兒導向式語言宛如歌唱，空氣中都流動著快樂的分子。的確，和幼兒說話時最常伴隨的表情就是笑臉（Chong et al., 2003），而幼兒也偏好把擅長使用幼兒導向式語言的成人當作玩伴，因為孩子知道，對方不僅會將注意力放在他們身上、享受和他們一起玩樂，而且這樣的專注讓他們感到備受寵愛（Schachner & Hannon, 2011）。

　　統整一下，幼兒導向式語言的特徵至少可從副語言、主語言，以及非語言三個層面加以說明，依序整理如表 2-3。

表 2-3 ▪ 幼兒導向式語言特徵說明

組成成分	特徵
副語言	<ul><li>提高的嗓音</li><li>起伏豐富的語調韻律</li><li>語詞間停頓時間拉長</li><li>拉長字中韻母的發音</li><li>較慢的語速</li></ul>
主語言	<ul><li>簡化的詞彙</li><li>簡單的句型</li><li>重要訊息的高重複性</li><li>偏好使用第三人稱</li><li>強調具體概念</li></ul>
非語言	<ul><li>自然伴隨的肢體動作</li><li>誇張豐富的臉部表情</li><li>散發開心溫暖的情緒</li></ul>

■ 幼兒導向式語言通常透露著正向情感，能讓孩子感受到滿滿的愛。

參考文獻

劉握瑜（譯）（2018）。中川千尋著。小小人兒來幫忙（二版）（おたすけこ
びと）。臺北：小魯文化。（原著出版於 2007 年）

Brand, R. J., Baldwin, D. A., & Ashburn, L. A. (2002). Evidence for "motionese": Modifications in mothers' infant-directed action. *Developmental Science, 5*(1), 72-83.

Brand, R. J., & Shallcross, W. L. (2008). Infants prefer motionese to adult-directed action. *Developmental Science, 11*(6), 853-861.

Bryant, G. A., & Barrett, H. C. (2007). Recognizing intentions in infant-directed speech: Evidence for universals. *Psychological Science, 18*(8), 746-751.

Cameron-Faulkner, T., Lieven, E., & Tomasello, M. (2003). A construction based analysis of child directed speech. *Cognitive Science, 27*, 843-873.

Chong, S. C. F., Werker, J. F., Russell, J. A., & Carroll, J. M. (2003). Three facial expressions mothers direct to their infants. *Infant and Child Development, 12*, 211-232.

Ferguson, C. A. (1964). Baby talk in six languages. *American Anthropologist, 66* (6_ PART2), 103-114.

Fernald, A. (1989). Intonation and communicative intent in mother's speech to infants: Is the melody the massage? *Child Development, 60*(6), 1497-1510.

Fernald, A. (1992). Meaningful melodies in mothers' speech to infants. In H. Papoušek, U. Jürgens, & M. Papoušek (Eds.), *Nonverbal vocal communication: Comparative and developmental approaches* (pp. 262-282). Cambridge University Press.

Fernald, A., & Kuhl, P. (1987). Acoustic determinants of infant preference for motherese speech. *Infant Behavior & Development, 10*(3), 279-293.

語言起步走
學前幼兒語言誘發活動書

Fernald, A., & Mazzie, C. (1991). Prosody and focus in speech to infants and adults. *Developmental Psychology, 27*(2), 209.

Filippi, P., Laaha, S., & Fitch, W. T. (2017). Utterance-final position and pitch marking aid word learning in school-age children. *Royal Society Open Science, 4*(8), 161035.

Fisher, C., & Tokura, H. (1996). Acoustic cues to grammatical structure in infant-directed speech: Cross-linguistic evidence. *Child Development, 67*(6), 3192-3218.

Gervain, J., & Werker, J. F. (2008). How infant speech perception contributes to language acquisition. *Linguistics and Language Compass, 2*(6), 1149-1170.

Jurafsky, D. (1996). Universal tendencies in the semantics of the diminutive. *Language, 72*(3), 533.

Kaye, K. (1980). Why we don't talk 'baby talk' to babies. *Journal of Child Language, 7*(3), 489-507.

Kempe, V., Brooks, P. J., & Pirott, L. (2001). How can child-directed speech facilitate the acquisition of morphology. In M. Almgren, A. Barreña, M-J. Ezeizabarrena, I. Idiazabal, & B. MacWhinney (Eds.), *Research on child language acquisition: Proceedings of the 8th Conference of the International Association for the Study of Child Language* (pp. 1237-1247). Somerville, MA: Cascadilla Press.

Koterba, E. A., & Iverson, J. M. (2009). Investigating motionese: The effect of infant-directed action on infants' attention and object exploration. *Infant Behavior and Development, 32*(4), 437-444.

O'Neill, M., Bard, K. A., Linnell, M., & Fluck, M. (2005). Maternal gestures with 20-month-old infants in two contexts. *Developmental Science, 8*(4), 352-359.

Ota, M., Davies-Jenkins, N., & Skarabela, B. (2018). Why choo-choo is better than train: The role of register-specific words in early vocabulary growth. *Cognitive Science, 42*(6), 1974.

Ota, M., & Skarabela, B. (2016). Reduplicated words are easier to learn. *Language Learning and Development, 12*(4), 380-397.

Papoušek, M., Papoušek, H., & Haekel, M. (1987). Didactic adjustments in fathers' and mothers' speech to their 3-month-old infants. *Journal of Psycholinguistic Research, 16*(5), 491-516.

Piazza, E. A., Iordan, M. C., & Lew-Williams, C. (2017). Mothers consistently alter their unique vocal fingerprints when communicating with infants. *Current Biology, 27*(20), 3162-3167.

Saint-Georges, C., Chetouani, M., Cassel, R., Apicella, F., Mahdhaoui, A., Muratori, F., ...Cohen, D. (2013). Motherese in interaction: At the cross-road of emotion and cognition? (A systematic review). *PLoS ONE, 8*(10), e78103.

Schachner, A., & Hannon, E. E. (2011). Infant-directed speech drives social preferences in 5-month-old infants. *Developmental Psychology, 47*(1), 19-25.

Singh, L., Morgan, J. L., & Best, C. T. (2002). Infants' listening preferences: Baby talk or happy talk?. *Infancy, 3*(3), 365-394.

Snow, C. E. (1972). Mothers' speech to children learning language. *Child Development, 43*(2), 549.

Weitzman, E. (2017). *It takes two to talk: A practical guide for parents of children with language delays* (5th ed.). Toronto, Canada: The Hanen Centre.

Yeh, C. L. (2009). *A study of young children's acquisition of nouns and verbs in Mandarin Chinese in Taiwan* (Master thesis, Fu-Jen University, New Taipei City, Taiwan). Retrieved from https://ndltd.ncl.edu.tw/cgi-bin/gs32/gsweb.cgi/login?o=dnclcdr&s=id=%22094FJU00462011%22.&searchmode=basic

第三章
幼兒導向式語言對一般幼兒的影響

⊙ 洪右真

> 我們不是在裝可愛。事實上，我們是在幫助孩子習得語言。
>
> ——Dr. Marina Kalashnikova（2017）

　　有許多人因擔心拉長幼兒的幼稚期，而不贊同幼兒導向式語言的使用（曾進興譯，2006），但多數研究仍肯定具有鮮明特色的幼兒導向式語言，能有效吸引幼兒的共同注意力，並促進語言學習和正向情緒的發展。

　　然而，這並不代表成人就應毫無限度地運用這樣誇張的說話方式；如同研究指出，幼兒導向式語言的最佳使用時機為各類語言技能習得的初始階段，例如：當幼兒開始接觸新詞彙，或準備學習特定語法句型時等（Foursha-Stevenson, Schembri, Nicoladis, & Eriksen, 2017）。因此，當孩子的語言技能已有所提升時，對話者即可褪除幼兒導向式的說話方式，漸漸轉換回一般語言的使用模式。例如，當孩子已漸能掌握「車車」一詞時，即可切換回一般用語「車子」，或使用更為精準的詞彙「計程車」、「警車」等以擴展孩子的詞彙庫。

　　在本章中，筆者將透過先行的科學實驗結果，逐一說明學者推測幼

兒導向式語言能促進語言發展的原因。

🌀 提升共同注意力

　　共同注意力（joint attention）指的是兩個個體（如媽媽和小孩）將他們的注意力共同聚焦在同一件物品或事件上，在嬰幼兒的語言學習過程中扮演著重要的角色。共同注意力的達成通常可以透過眼神注視（eye-gaze）、手指指示（pointing）或其他口語和非口語的引導，例如：微抬下巴表示前方有警察，暗示同伴不要闖紅燈。

　　對於語言習得來說，共同注意力能提升嬰幼兒辨識互動者意指目標物的正確率，更準確地學習物體和所屬標籤的連結，避免歧義產生（Morales et al., 2000; Mundy & Newell, 2007; Striano, Chen, Cleveland, & Bradshaw, 2006）。有研究指出，早期共同注意力的發展和幼兒在 30 個月時的語言表現呈正相關，共同注意力表現越佳，爾後的語言能力也越好（Morales et al., 2000）。

　　Dunst、Gorman 與 Hamby（2012）在回顧 34 篇關於 840 位出生 2 至 270 天的幼兒導向語言研究後，歸結出比起成人導向式語言，幼兒明顯偏好聆聽主要照顧者的幼兒導向語言。不僅如此，在探討不同外顯線索（ostensive cues）對於嬰幼兒注視追隨（gaze following）影響的實驗中，Senju 和 Csibra（2008）更發現，除了眼神接觸搭配挑眉外，幼兒導向式語言也能有效誘導 6 個月大的嬰兒進入共同注意力，讓他的視覺注意力轉移至目標物上。

　　事實上，從 1 個月大起，一般嬰兒就開始會對幼兒導向式語言出現偏好，並給予較多的反應（Cooper & Aslin, 1990; Fernald, 1985;

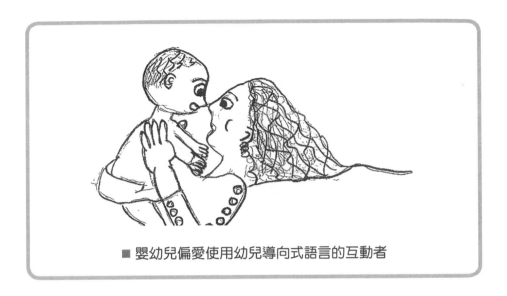

■ 嬰幼兒偏愛使用幼兒導向式語言的互動者

Schachner & Hannon, 2011），藉此正確解讀互動者的參照（referential）意圖——也就是互動者想要對方注意的物體，進而促進社交技能發展與溝通品質的提升（Senju & Csibra, 2008）。

貳 促進語言習得

　　共同注意力讓幼兒可以清楚知道互動者指稱的物體或事件，並更準確地將物體和其名稱做連結對應，讓詞彙學習更有效率，降低了許多模稜兩可、瞎子摸象的可能性。但是除了共同注意力，幼兒導向式語言還有其他能讓語言學習更輕鬆的特徵，例如提升言語辨識能力、幫助語言理解等（Estes & Hurley, 2013）。

　　有學者在追蹤觀察 47 名幼兒後發現，幼兒導向式詞彙的使用頻率會影響幼兒的語言成長率。其中，幼兒在 9 個月大時所接受的疊字詞和

■ 當媽媽手握著火車，一邊搭配說：「嗚嗚嗚～傾鏘傾鏘～火車來了，火車要過山洞了。」就能成功將孩子的注意力轉往火車玩具。透過不斷重複的關鍵詞「火車」，孩子就能建立名稱（火車）與物體（火車玩具）間的連結。

指小詞的刺激量越多，他們到 21 個月大時的表達性語言成長率就會越高。研究者認為疊字詞的音節重複和指小詞的固定詞綴能幫助幼兒在自然語流中辨別各個語言元素，促進語言習得。

　　不過，就算幼兒導向式詞彙的使用量再高，疊字詞和指小詞的出現頻率都沒有超過整體語料的 5%。這項分析結果更加彰顯幼兒導向式語言的影響，儘管幼兒導向式詞彙僅屬一般對話中的少數，但其對幼兒早期表達性語言發展的影響卻不容小覷（Ota, Davies-Jenkins, & Skarabela, 2018）。

　　另有研究發現，19 個月大的幼兒所接受的幼兒導向式語言刺激量

與其在 24 個月大時的詞彙量和語言處理能力有關（Weisleder & Fernald, 2013）。也就是，照顧者對孩子說話的量越多，幼兒往後的詞彙就更加豐富。不過，親子溝通應質量兼顧，只當個多話的家長、單方向進行語言輸入是不夠的，應該要運用豐富多樣和去脈絡化（decontextualized）的語詞與孩子一來一往地輪替，進行有意義的對話，才能幫助詞彙量的累積（Rowe, 2012）。

除了幼兒導向式詞彙的運用和輸入量的影響外，筆者接下來將針對幾個面向做比較深入的介紹，讓讀者可以更清楚了解，照顧者說話的「方式」其實跟「內容」一樣具有影響力！

一、說話清晰度

比起成人間的溝通，幼兒導向式的說話清晰度較高。對於清晰度的判斷除了主觀評價外，也可以使用較客觀的量測方式，如：母音空間（vowel space）的大小。通常說話者的母音空間越大，聆聽者感受到的說話清晰度就越高。

研究指出，當母親在和 6～8 個月或 10～12 個月大的嬰兒說話時，言語清晰度顯著較和成人對談時來得高（Liu, Kuhl, & Tsao, 2003）。這樣的現象不僅在中文裡可以觀察到，在其他語言中，像是英文、俄文或瑞典文都發現了一樣的現象（Burnham et al., 2002; Kuhl et al., 1997）。

圖 3-1 為筆者繪製的幼兒和成人導向式語言中的母音空間比較圖。母音空間通常是由三個發音位置最邊緣的母音所形成的三角形頂點繪製而成，中文裡的代表母音為 /u/、/a/、/i/，音同ㄨ、ㄚ、一。使用幼兒導向式語言時，三個母音所構成的三角形空間要比成人導向式語言來得大，表示講話時的清晰度比較高。

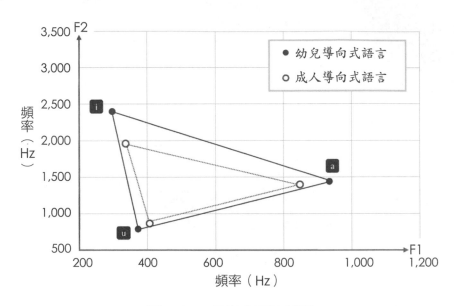

圖 3-1 ▪ 母音空間比較圖

註：F1 代表第一共振峰（first formant），F2 代表第二共振峰（second formant），
　　因為每個母音的發音舌位不同，其第一和第二共振峰位置也不一樣。

　　Kuhl 等人（1997）認為，幼兒導向語言的高清晰度可以幫助幼兒建構大腦裡的音素（phoneme）類別，好比哪些語音應該歸類為「ㄒ」、哪些聲音則屬於「ㄙ」。清晰的言語讓每個語音的特徵差異更明顯突出，分辨起來更加輕鬆，孩子就不會再「西瓜」和「絲瓜」傻傻分不清，也能間接促進語言的學習。

　　此外，母音空間的大小（說話清晰程度）和語音分辨的能力呈顯著的正相關（Liu et al., 2003）。也就是說，母親說話越清楚，孩子的語音分辨能力也會越好。另一個英文研究也發現類似的結果：若照顧者發 /s/ 的清晰度越高，兩群分別為 4～6 和 12～14 個月大的幼兒分辨 /s/ 和 /ʃ/ 的正確率就越高（Cristià, 2011），說明不論何種語言，幼兒導向式語言中的高清晰度能幫助幼兒分辨語音，提升訊息接收的品質。

二、訊息的切割

如前文不斷提到的，幼兒導向式語言的說話方式不僅語調起伏大、講話速度普遍放慢，且在不同的詞組間也有可能因需求而加入較長的空白時段。當對話者想要強調某些訊息時，這個現象尤其顯而易見。例如：剛邁入一歲半且熱愛各種工程車的墨墨開始模仿媽媽說「挖土機」，但他的發音還不太準確。此時媽媽可能會用較為誇大的方式給予回饋：「對！是挖～土～機～喔！墨墨好棒耶！是會挖～挖～挖～的挖～土～機喔！」媽媽的口頭回應不僅正向增強孩子開口表達的意願，其伴隨的誇張語氣也重新強調了「挖土機」這個詞彙，而刻意拉長的字間間隔也使孩子能輕鬆掌握每個語音細節。

這些幼兒導向式的說話特性，可以幫助幼兒區分不同的母音，或分辨音節及音節、字與字、片語和片語間的界線，對一串連續的言語訊號進行有意義的切割及歸納，進而正確理解語句（Karzon, 1985; Liu et al., 2003; Thiessen, Hill, & Saffran, 2005; Trainor & Desjardins, 2002）。

三、訊息的標記

除了幫助語言單位的辨識外，不同的句型在幼兒導向式語言中也有不同的表現，如：英文中以 Wh- 開頭的問句和命令式語句通常伴隨下降的尾音，是否（yes-no）問句則常以上揚的語尾作結束（Stern, Spieker, & MacKain, 1982）。相對來說，中文因為是聲調語言的關係，語調的起伏也會受到四聲調的影響，因此問句語調的表現要複雜許多（Yuan, 2006）。但整體來說，以疑問詞「嗎」作結的是非問句，其句尾的語調通常會上揚，例如：「可以請你坐好嗎？」或「墨墨明天想要

■ 若想要對墨墨強調他遍尋不著的恐龍是放在桌上，爸爸會自然而然地運用語調聚焦重點訊息，如舉起手指著桌子說：「墨墨，你看！恐龍在桌～上～喔！對，在桌～上！」此時爸爸想要強調的，可能不僅是恐龍的位置，同時可能因為孩子對於「桌上」這個詞尚不熟悉，所以除了給予手勢提示喚起共同注意力外，也運用清晰度高、語速較緩的方式來表達，提升語言輸入的接收品質。

去公園玩嗎？」（湯廷池，1981，2010）

　　另外，說話語調的變化也常被用來強調新資訊（Chafe, 1976），例如：「你看，熊熊沒有在睡午覺，他在玩球球耶！」若說話者於「玩球球」加重語氣，則凸顯了熊熊玩球的動作；但若是加重「沒有」一詞，訊息焦點則會轉向「熊熊沒有在睡午覺」的事實。雖然這種現象也能在成人導向式語言中觀察到，但卻不及其在幼兒導向式語言裡來得頻繁（Fernald & Mazzie, 1991）。透過行為研究，Grassmann 和 Tomasello

（2007）更進一步證明 2 歲幼兒已能有效利用語調標記（prosodic highlighting）來辨識和學習溝通者意指的新詞彙。

四、訊息的排列

在語序上，當成人使用幼兒導向式語言時，常會把新資訊擺放在句末（Fernald & Mazzie, 1991; Fisher & Tokura, 1996），且有證據指出嬰幼兒的確較能有效聽取並學習位處句首和句末的詞彙（Seidl & Johnson, 2006, 2008）。就聽知覺的觀點來看，相較於被左右夾攻的句中位置，句尾的語詞後面由於沒有其他接續的訊息，因此較不會受到干擾，能夠提高語詞辨識的效果（Sundara, Demuth, & Kuhl, 2011）。加上幼兒導向式的句尾發音通常會被拉長，也提供孩子更多線索以進行有意義的語意單位切割（Fisher & Tokura, 1996）。

探討心理認知功能的研究也指出，我們較能準確記憶語句中第一個和最後一個出現的字詞（Deese & Kaufman, 1957）。當關鍵字擺放句末時，應該能幫助幼兒抓取、學習和記憶新字詞。或許下次可以觀察看看，幼兒在開始學習口語表達的時候，是否也都會習慣模仿多音節字中的最後一個音節呢？例如，媽媽手拿玩具說「推土機」時，孩子會嘗試仿說「機～」。

幼兒導向式語言不僅能誘發注意力，將孩子轉化成主動的參與者，同時也能透過獨特的語音標記和詞彙排序，讓獲取、處理、理解、組織訊息的知覺程序運轉順暢。這或許就是為什麼幼兒導向式語言能夠促進語言學習的原因吧！有趣的是，這樣的效益甚至也能在成人學習外語的表現上觀察到（Kempe, Brooks, & Gillis, 2005; Kempe, Brooks, Gillis, & Samson, 2007）。

參 誘發正向情緒，鞏固親子關係

有學者認為，孩子偏好幼兒導向式語言是因為喜歡話語中蘊含豐沛的正向情感。說話者的情緒其實會誠實地反映在聲學特性上，例如：開心的語調通常音高較高、起伏程度大。因為微笑或興奮張嘴的動作會讓音量增強，並使聲道縮短，導致整體說話的音高提高（Scherer, 1986）。

Singh、Morgan 與 Best（2002）在比較不同情感向度（快樂／悲傷／中性）對嬰幼兒的影響時，發現只要是帶有快樂的情感成分，不管是幼兒導向式或成人導向式語言，都能成功吸引 6 個月大嬰兒的注意力，獲取其偏好。由於這是一個純聽覺的實驗，嬰兒沒有辦法看到說話者的臉部表情，因此這個偏好的結果純粹來自於「聲音」的影響。對這樣的結果，Singh 等人下了註解：「嬰幼兒喜歡聽的不是幼兒導向式語言，而是『快樂』的話語。」當嬰幼兒接收到說話者正向的情緒表達後，也會給予對方對應情感的回應，如：微笑或眼神凝視（Fernald, 1993; Santarcangelo & Dyer, 1988）。如此一來一往的情感交流，能讓雙方情緒穩定、產生信賴感和安全感，進而強化和諧的親子關係。

肆 幼兒導向式語言的最佳使用時機

總結來說，幼兒導向式語言有助於提升共同注意力、促進語言習得和鞏固緊密的親子關係。然而，孩子對於幼兒導向式環境的偏好及其伴隨給予的學習優勢，將隨著語言、認知發展的成熟而逐漸消失（Ma,

Golinkoff, Houston, & Hirsh-Pasek, 2011; Panneton, Kitamura, Mattock, & Burnham, 2006）。例如，Ma 等人（2011）即發現，詞彙量較少的 21 個月大幼兒僅能在幼兒導向式的環境中展現學習新字詞的能力；然而，詞彙量較多的 27 個月大幼兒透過成人導向式語言也能習得新詞彙。這顯示幼兒導向式語言似乎僅對學語初期的語言習得能力有較顯著的效益，也提醒成人應依據孩子的發展，逐步褪除幼兒導向式語言的運用。

參考文獻

湯廷池（1981）。國語疑問句的研究。師大學報，**26**，219-277。

湯廷池（2010）。語言學、語言分析與語言教學（下冊）。臺北：致良。

曾進興（譯）（2006）。R. Cattle 著。兒童語言發展（Children's language: Consensus and controversy）。臺北：心理。

Burnham, D., Kitamura, C., Vollmer-Conna, U., Fernald, A., Kuhl, P. K., Kuhl, P. K., ...Treiman, R. (2002). What's new, pussycat? On talking to babies and animals. *Science (New York, N.Y.), 296*(5572), 1435.

Chafe, W. L. (1976). Givenness, contrastiveness, definiteness, subjects, topics and point of view. In C. N. Li (Ed.), *Subject and topic* (pp. 27-55). New York: Academic Press.

Cooper, R. B., & Aslin, R. N. (1990). Preference for infant-directed speech in the first month after birth. *Child Development, 61*(5), 1584-1595.

Cristià, A. (2011). Fine-grained variation in caregivers' /s/ predicts their infants' /s/ category. *The Journal of the Acoustical Society of America, 129*(5), 3271-3280.

Deese, J., & Kaufman, R. A. (1957). Serial effects in recall of unorganized and

sequentially organized verbal material. *Journal of Experimental Psychology, 54*(3), 180.

Dunst, C. J., Gorman, E., & Hamby, D. W. (2012). Preference for infant-directed speech in preverbal young children. *Center for Early Literacy Learning, 5*(1), 1-13.

Estes, K. G., & Hurley, K. (2013). Infant-directed prosody helps infants map sounds to meanings. *Infancy, 18*(5), 797-824.

Fernald, A. (1985). Four-month-old infants prefer to listen to motherese. *Infant Behavior & Development, 8*, 181-195.

Fernald, A. (1993). Approval and disapproval: Infant responsiveness to vocal affect in familiar and unfamiliar languages. *Child Development, 64*(3), 657-674.

Fernald, A., & Mazzie, C. (1991). Prosody and focus in speech to infants and adults. *Developmental Psychology, 27*(2), 209-221.

Fisher, C., & Tokura, H. (1996). Acoustic cues to grammatical structure in infant-directed speech: Cross-linguistic evidence. *Child Development, 67*(6), 3192-3218.

Foursha-Stevenson, C., Schembri, T., Nicoladis, E., & Eriksen, C. (2017). The influence of child-directed speech on word learning and comprehension. *Journal of Psycholinguistic Research, 46*(2), 329-343.

Grassmann, S., & Tomasello, M. (2007). Two-year-olds use primary sentence accent to learn new words. *Journal of Child Language, 34*(3), 677-687.

Kalashnikova, M. [Powerhouse]. (2017, August 16). *Dr Marina Kalashnikova, 'Babytalk or Infant-directed Speech'* [Video]. YouTube. https://www.youtube.com/watch?v=OxCV4K2ipBs

Karzon, R. G. (1985). Discrimination of polysyllabic sequences by one- to four-month-old infants. *Journal of Experimental Child Psychology, 39*(2), 326-342.

Kempe, V., Brooks, P. J., & Gillis, S. (2005). Diminutives in child-directed speech supplement metric with distributional word segmentation cues. *Psychonomic Bulletin & Review, 12*(1), 145-151.

Kempe, V., Brooks, P. J., Gillis, S., & Samson, G. (2007). Diminutives facilitate word segmentation in natural speech: Cross-linguistic evidence. *Memory & Cognition, 35*(4), 762-773.

Kuhl, P. K., Andruski, J. E., Chistovich, I. A., Chistovich, L. A., Kozhevnikova, E.V., Ryskina, V. L., ...Lacerda, F. (1997). Cross-language analysis of phonetic units in language addressed to infants. *Science, 277*(5326), 684-686.

Liu, H. M., Kuhl, P. K., & Tsao, F. M. (2003). An association between mothers' speech clarity and infants' speech discrimination skills. *Developmental Science, 6*(3), F1-F10.

Ma, W., Golinkoff, R. M., Houston, D. M., & Hirsh-Pasek, K. (2011). Word learning in infant-and adult-directed speech. *Language Learning and Development, 7*(3), 185-201.

Morales, M., Mundy, P., Delgado, C. E. F., Yale, M., Messinger, D., Neal, R., & Schwartz, H. K. (2000). Responding to joint attention across the 6- through 24-month age period and early language acquisition. *Journal of Applied Developmental Psychology, 21*, 283-298.

Mundy, P., & Newell, L. (2007). Attention, joint attention, and social cognition. *Current Directions in Psychological Science, 16*(5), 269-274.

Ota, M., Davies-Jenkins, N., & Skarabela, B. (2018). Why choo-choo is better than train: The role of register-specific words in early vocabulary growth. *Cognitive Science, 42*(6), 1974-1999.

Panneton, R., Kitamura, C., Mattock, K., & Burnham, D. (2006). Slow speech enhances younger but not older infants' perception of vocal emotion. *Research

語言起步走
學前幼兒語言誘發活動書

in Human Development, 3(1), 7-19.

Rowe, M. L. (2012). A longitudinal investigation of the role of quantity and quality of child-directed speech vocabulary development. *Child Development, 83*(5), 1762-1774.

Santarcangelo, S., & Dyer, K. (1988). Prosodic aspects of motherese: Effects on gaze and responsiveness in developmentally disabled children. *Journal of Experimental Child Psychology, 46*(3), 406-418.

Schachner, A., & Hannon, E. E. (2011). Infant-directed speech drives social preferences in 5-month-old infants. *Developmental Psychology, 47*(1), 19-25.

Scherer, K. R. (1986). Vocal affect expression: A review and a model for future research. *Psychological Bulletin, 99*(2), 143.

Seidl, A., & Johnson, E. K. (2006). Infant word segmentation revisited: Edge alignment facilitates target extraction. *Developmental Science, 9*(6), 565-573.

Seidl, A., & Johnson, E. K. (2008). Boundary alignment enables 11-month-olds to segment vowel initial words from speech. *Journal of Child Language, 35*(1), 1-24.

Senju, A., & Csibra, G. (2008). Gaze following in human infants depends on communicative signals. *Current Biology, 18*, 668-671.

Singh, L., Morgan, J. L., & Best, C. T. (2002). Infants' listening preferences: Baby talk or happy talk?. *Infancy, 3*(3), 365-394.

Stern, D. N., Spieker, S., & MacKain, K. (1982). Intonation contours as signals in maternal speech to prelinguistic infants. *Developmental Psychology, 18*(5), 727-735.

Striano, T., Chen, X., Cleveland, A., & Bradshaw, S. (2006). Joint attention social cues influence infant learning. *European Journal of Developmental Psychology, 3*(3), 289-299.

Sundara, M., Demuth, K., & Kuhl, P. K. (2011). Sentence-position effects on children's perception and production of English third person singular -*s*. *Journal of Speech, Language, and Hearing Research, 54*, 55-71.

Thiessen, E. D., Hill, E. A., & Saffran, J. R. (2005). Infant-directed speech facilitates word segmentation. *Infancy, 7*(1), 53-71.

Trainor, L. J., & Desjardins, R. N. (2002). Pitch characteristics of infant-directed speech affect infants' ability to discriminate vowels. *Psychonomic Bulletin & Review, 9*(2), 335-340.

Weisleder, A., & Fernald, A. (2013). Talking to children matters: Early language experience strengthens processing and builds vocabulary. *Psychological Science, 24*(11), 2143-2152.

Yuan J. (2006). Mechanisms of question intonation in Mandarin. In Huo Q., Ma B., Chng ES., & Li H. (Eds). Chinese spoken language processing. ISCSLP 2006. *Lecture Notes in Computer Science*, vol 4274. Springer, Berlin, Heidelberg.

第四章
幼兒導向式語言對身心障礙幼兒教育的啟示

🌸 林桂如

> 越少表現出典型發展中具有積極預測性因素的幼兒，面臨的發展風險就越高，並越有可能具有障礙、需要進一步的療育介入。
>
> ——Olswang、Rodriguez 與 Timler（1998）

在 1970 年代，學術上對於幼兒導向式語言的探討堪稱達到巔峰，部分原因是基於當時 Chomsky（1965, p. 31）評論這類語言輸入方式為「質量明顯下降」（fairly degenerate in quality），並描述這類語言的特徵是「以各種碎片和異常表達為特徵」（fragments and deviant expressions of a variety of sorts）（p. 201）。時至今日，在研究和實務上，對於幼兒導向式語言的正反討論仍有不少，褊狹地將「疊字」、「娃娃音」與幼兒導向式語言畫上等號的網路文章更是屢見不鮮。站在歷史的肩膀上，我們期待幼兒導向式語言應用在學語前期幼兒日常生活的語言引導上，宜有更多的理解與思考。

Olswang 與 Bain（1991）曾指出，針對身心障礙幼兒所設定的語言或溝通療育／目標，主要包括去除溝通障礙的成因和教導代償性的策略。前者的概念多是藉由醫療、手術達到功能性的恢復，如：唇顎裂幼

童經過適當的整形修補手術，可能去除造成構音—音韻發展的問題，或聽障兒童藉由配戴適當的助聽器或植入人工電子耳，以預防或減少後續語言發展的問題；後者則是側重療育或教育介入，如：對於無法適當處理聽覺口語訊息者，藉由學習手語、書面語言的讀寫或溝通板等溝通輔具，藉以找到代償性的溝通策略。

對於多數身障兒而言，更多的時候，家長或相關教育工作者是將目標聚焦在教導說話、語言或語用行為（Olswang & Bain, 1991），藉以修正或緩和溝通的障礙，例如：一個詞彙廣度不足的聽障兒童需要有效的語言誘發策略，藉由增加詞彙理解與表達的質量，幫助兒童在生活中的學習與適應。有鑑於此，本章將討論幼兒導向式語言運用在特殊幼兒的類型，以及其對身心障礙幼兒教育的啟示，期待除了結合醫療相關專業團隊協力之餘，也能提供身障兒或語言遲緩的高危險群家長及相關工作者日常誘發孩子語言的參考。

運用在身心障礙幼兒的類型

環顧現有探討幼兒導向式語言運用在特殊教育的文獻，多聚焦在具有語言發展遲緩高危險族群。這類族群通常是指在一般口語（如：自發性語言、語言理解、音韻、仿說）發展的遲緩、非口語（如：遊戲、手勢動作、社交技能）發展的遲緩，以及其他可能導致語言發展緩慢的族群（如：中耳炎、遺傳、低社會經濟家庭的幼兒）（Olswang, Rodriguez, & Timler, 1998）。

其中，在幼兒導向式語言運用於特殊幼兒的類別上，又以聽障兒童、特定型語言障礙（specific language impairment，簡稱 SLI）（如

Olswang et al., 1998）為對象的討論屬大宗，其次為幼兒導向式語言和自閉症早期徵象識別的探討（如 Droucker, Curtin, & Vouloumanos, 2013），另外亦有少部分研究探討運用於腦傷（如 Rowe, Levine, Fisher, & Goldin-Meadow, 2009）、唐氏症兒童（如 Iverson, Longobardi, Spampinato, & Caselli, 2006）、低社經家庭的幼兒（如 Iverson et al., 2006）等對象。

在一般幼兒早期語言學習的相關研究中，普遍發現一般幼兒對於幼兒導向式語言的偏好，有助其語音知覺及語言的學習。應用在對於特殊幼兒的語言發展上，亦多肯定透過主要照顧者日常中的互動引導，能達到誘發幼兒語言發展，或修正／緩和其溝通困難的發生（陳政廷、黃玉枝，2017；Ratner, 2013）。然而，隨著特殊幼兒的學習能力進展調整輸入語言的型態，適度褪除幼兒導向式語言，延伸擴展為一般的成人導向式語言也是必要的。

 對身心障礙幼兒教育的啟示

一、自閉症早期徵象的識別

幼兒導向式語言涵蓋主語言、副語言和非語言的範疇，應用於教育上，強調的乃是有意義的互動、情感和溝通訊息交流。在嬰幼兒早期發展的相關研究即指出，一般正常發展幼兒偏好聆聽幼兒導向式的語言，而自閉症幼兒卻偏好聆聽機械合成的無意義聲音，顯示自閉症幼兒的聽知覺偏好可能和一般幼兒有所不同。因此，觀察幼兒對於幼兒導向式語言的偏好與反應，將能提供作為識別自閉症早期徵象的參考之一

（Kuhl, Coffey-Corina, Padden, & Dawson, 2005）。

二、語言輸入的「質」，重要性可能大過於「量」

過去的研究，經常會提醒家長對孩子說話的「總量」與孩子語言的發展息息相關（Hart & Risley, 1995）。然而，語言輸入的「質」可能比「量」更重要。Adams 和 Ramey（1980）即指出，低社經家庭中的母親傾向使用指示性的語句，而這類的語言模式通常較難促進孩子語言能力的發展（Cates, Dreyer, Berkule, White, Arevalo, & Mendelsohn, 2012; Hart & Risley, 1992; Rowe, Coker, & Pan, 2004），因而可能造成低社經家庭的幼兒詞彙量不足，甚至從事親子共讀或語文活動等介入時，也難以看出成效（Abraham, Crais, & Vernon-Feagans, 2013）。

在聽障族群上，亦有關於家長語言輸入的質量討論。Szagun 和 Stumper（2012）指出，相較於及早讓兒童接觸有聲的語言環境，幼兒導向式語言的品質良窳，對聽障孩子的語言表達更具預測力，尤其是在詞彙學習與句子表達的長度最為顯著。VanDam、Ambrose 和 Moeller（2012）在針對 2 歲配戴人工電子耳的聽損幼兒家長所進行的居家語言輸入量調查研究中，更提出相較於單純計算成人對孩子的語言輸入量，孩子的語言進步實則與成人和孩子間的對話輪替次數具有顯著相關；且家長和孩子互動時的語言輸入技巧，如：平行談話、擴展、重述、修正等，明顯與聽障幼兒的語言發展具有相關性（Cruz, Quittner, Marker, & DesJardin, 2013）。

三、持續過度簡化可能反而限制身心障礙幼兒的語言 學習

身心障礙幼兒通常是語言發展遲緩的高危險群，對大人而言，我們也可能常常會基於考量孩子的理解能力有限，因而傾向選擇較簡化的語言和孩子互動。然而，相關研究卻指出，持續過度簡化的語言，可能反而限制身心障礙幼兒的語言學習。

Ratner（2013）在探討家長使用幼兒導向式語言對口吃（stuttering）兒童的影響時曾提醒，儘管在家長使用複雜語句時，口吃兒童出現口吃比率明顯增加，然而，即便家長降低語速並使用簡化的語言，卻依舊增加口吃幼兒說話上的不流暢，對於本身口吃的發生率和語言行為也沒有顯著改變（Bernstein Ratner, 1992）。

原本希望透過簡化詞彙、放慢語速等方式促進孩子的理解，卻反而成為限制其發展表達語言能力的枷鎖。在語言發展遲緩的高危險族群中，研究亦發現相較於一般兒童，特定型語言障礙（SLI）的幼兒顯得較少用自己的話去重新詮釋或延伸表達，而這類孩子的家長往往也傾向以較簡化、電報式的語言與之互動（Fey, Krulik, Loeb, & Proctor-Williams, 1999; Proctor-Williams, Fey, & Loeb, 2001）；另一項針對親子間互動語言對語言障礙、遲語症和一般兒童語言學習的研究指出，對這三類兒童而言最難習得的語素（morpheme），實際上，通常也未出現在家長和孩子的語言輸入內容中（Warlaumont & Jarmulowicz, 2012）。

在腦傷的相關研究中也有類似的發現。在一項探討 1 至 4 歲腦傷幼兒詞彙量發展的研究中，即發現若家長輸入的語句較為複雜，對腦傷幼兒日後在句法上的發展能力反而更具預測性（Rowe et al., 2009）。

語言起步走
學前幼兒語言誘發活動書

四、幼兒導向式語言運用在身心障礙幼兒溝通互動的原則

綜合上述研究結果，當運用幼兒導向式語言在身心障礙幼兒身上時，宜掌握以下原則（Bernstein Ratner, 1992）：

1. 了解孩子當前的語言發展狀況，以調整符合孩子當前能力與需求的互動語言。
2. 找出讓孩子產生溝通動機的事物。
3. 增加互動中的對話輪替。
4. 遵循孩子的興趣，而非命令孩子遵從。
5. 擴展孩子聽到的語言。
6. 運用共讀增加孩子語言學習的豐富性。
7. 適時微調語言輸入的內容，幫助孩子對於語言和詞彙有最大的理解。

綜合上述，簡化的語言輸入固然可以促進詞彙理解，然而，如欲提升孩子的口語表達能力，仍有賴逐步延伸至成人導向式語言（Wolfe & Heilmann, 2010）。對孩子的語言輸入質與量需要兼具，甚至更應重視其輸入的品質，故幫助家長理解語言輸入對孩子的重要性和影響，留意適時褪除幼兒導向式語言，轉而擴展、銜接至一般常態性的成人導向式語言與孩子互動乃格外重要。

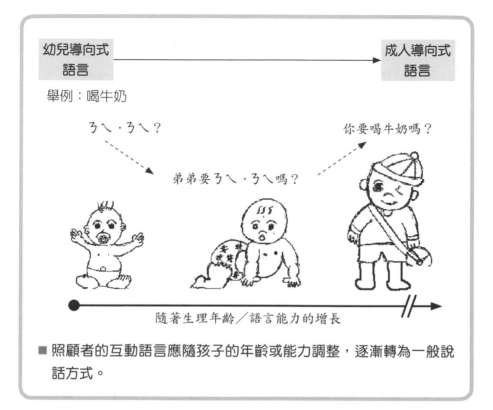

陳政廷、黃玉枝（2017）。幼兒導向式語言訓練對提升學前聽覺障礙兒童語言
　　表達能力之研究。**溝通障礙教育**，**4**（2），55-76。

Abraham, L. M., Crais, E., & Vernon-Feagans, L. (2013). Early maternal language
　　use during book sharing in families from low-income environments. *American
　　Journal of Speech-Language Pathology, 22*(1), 71-83.

Adams, J. L., & Ramey, C. T. (1980). Structural aspects of maternal speech to infants
　　raired in poverty. *Child Development, 51*, 1280-1284.

Bernstein Ratner, N. (1992). Measurable outcomes of instructions to modify normal

parent-child verbal interactions: Implications for indirect stuttering therapy. *Journal of Speech and Hearing Research, 35*(1), 14-20.

Cates, C. B., Dreyer, B. P., Berkule, S. B., White, L. J., Arevalo, J. A., & Mendelsohn, A. L. (2012). Infant communication and subsequent language development in children from low income families: The role of early cognitive stimulation. *Journal of Developmental & Behavioral Pediatrics, 33*(7), 577-585.

Chomsky, N. (1965). *Aspects of the theory of syntax*. Cambridge, MA: MIT Press.

Cruz, I., Quittner, A. L., Marker, C., & DesJardin, J. L. (2013). Identification of effective strategies to promote language in deaf children with cochlear implants. *Child Development, 84*(2), 543-559.

Droucker, D., Curtin, S., & Vouloumanos, A. (2013). Linking infant-directed speech and face preferences to language outcomes in infants at risk for autism spectrum disorder. *Journal of Speech, Language, and Hearing Research, 56*(2), 567-576.

Fey, M. E., Krulik, T. E., Loeb, D. F., & Proctor-Williams, K. (1999). Sentence recast use by parents of children with typical language and children with specific language impairment. *American Journal of Speech-Language Pathology, 8*, 273-286.

Hart, B., & Risley, T. R. (1992). American parenting of language-learning children: Persisting differences in family-child interactions observed in natural home. *Developmental Psychology, 28*, 1096-1105.

Hart, B., & Risley, T. R. (1995). *Meaningful differences in the everyday experience of young American children*. Baltimore, MD: Paul H Brookes Publishing.

Iverson, J. M., Longobardi, E., Spampinato, K., & Caselli, M. C. (2006). Gesture and speech in maternal input to children with Down's syndrome. *International Journal of Language & Communication Disorders, 41*, 235-251.

Kuhl, P. K., Coffey-Corina, S., Padden, D., & Dawson, G. (2005). Links between social and linguistic processing of speech in preschool children with autism: Behavioral and electrophysiological measures. *Developmental Science, 8*(1), F1-F12.

Olswang, L., & Bain, B. (1991). Intervention issues for toddlers with specific language impairments. *Topics in Language Disorders, 11*, 69-86.

Olswang, L. B., Rodriguez, B., & Timler, G. (1998). Recommending intervention for toddlers with specific language learning difficulties: We may not have all the answers, but we know a lot. *American Journal of Speech-Language Pathology, 7*(1), 23-32.

Proctor-Williams, K., Fey, M. E., & Loeb, D. F. (2001). Parental recasts and production in copulas and articles by children with specific language impairment and typical language. *American Journal of Speech-Language Pathology, 10*, 155-168.

Ratner, N. B. (2013). Why talk with children matters: Clinical implications of infant- and child-directed speech research. *Seminars in Speech and Language, 34*(4), 203-214.

Rowe, M. L., Coker, D., & Pan, B. A. (2004). Comparison of fathers' and mothers' talk to toddlers in low-income families. *Social Development, 13*, 278-291.

Rowe, M. L., Levine, S. C., Fisher, J. A., & Goldin-Meadow, S. (2009). Does linguistic input play the same role in language learning for children with and without early brain injury?. *Developmental Psychology, 45(*1), 90-102.

Szagun G., & Stumper B. (2012). Age or experience? The influence of age at implantation and social and linguistic environment on language development in children with cochlear implants. *Journal of Speech, Language, and Hearing Research, 55*, 1640-1654.

VanDam, M., Ambrose, S. E., & Moeller, M. P. (2012). Quantity of parental language in the home environments of hard-of-hearing 2-year-olds. *Journal of Deaf Studies and Deaf Education, 17*, 402-420.

Warlaumont, A. S., & Jarmulowicz, L. (2012). Caregivers' suffix frequencies and suffix acquisition by language impaired, late talking, and typically developing children. *Journal of Child Language, 39*, 1017-1042.

Wolfe, D. L., & Heilmann, J. (2010). Simplified and expanded input in a focused stimulation program for a child with expressive language delay (ELD). *Child Language Teaching and Therapy, 26*, 335-346.

第五章

幼兒導向式語言應用於誘發學前幼兒語言發展的策略

林桂如

> 幼兒導向式言語乃是在社會脈絡下使用,而非單獨存在。
> ——Golinkoff、Can、Soderstrom 與 Hirsh-Pasek(2015)

壹 學前幼兒語言發展的歷程

　　當一個新生命呱呱墜地,即意味著其學習溝通的旅程正式開展。由一開始無法表示特定溝通意圖,到出現手勢、動作等具有溝通意圖的行為,接著發展出第一個有意義的詞彙,再進展到明確語句表達。

　　透過幼兒導向式語言的引導,我們期盼幼兒發展適齡的語言。隨著年齡增長,一般嬰幼兒的語言及溝通發展歷程,大致可分為前語言期(pre-linguistic phase)和語言期(linguistic phase),前者係為兒童開始發展出各種非特定意義的溝通意圖階段,後者則為兒童開始能夠使用有意義的詞彙(Sachs, 2005)。

　　在前語言期階段,新生兒主要會以啼哭等發聲動作,表達飢餓或不舒服的生理需求;接著進入咕咕期(cooing)和牙牙發聲期(babbling),開始結合聲母和韻母形成簡單的重複音節(例如:ㄅㄚ

ㄅㄚ、ㄇㄚ ㄇㄚ）。在這段時期嬰幼兒與其照顧者之間的互動，使其逐漸習得溝通行為的功能及音義結合的參照指示概念，此概念也是未來語意發展過程中基本的認知基礎（Bruner, 1975）。

■ 從出生起，即展開了學習溝通的旅程。

　　整體而言，前語言期和語言期的主要分野取決於第一個有意義詞彙的出現與否（Sachs, 2005）。通常在 1 歲到 1 歲半左右，嬰兒開始表達第一個有意義的詞彙；約自 1 歲半至 2 歲進入多詞期，能夠以二至三個語詞組合成短句；約自 2 歲起，幼兒的理解與表達語彙快速增加，並逐漸出現類似成人的語法，即從簡單句發展出需以連接詞連接的複合句型。

一、前語言期

前語言期的嬰幼兒在一邊發聲時，其實也在聆聽自己發出的聲音，藉以激起發聲的欲望，形成一個正向的「聽覺回饋」，促使嬰幼兒更熱衷於發聲，為進入語言期準備。

基本上，前語言期的範疇是指雙方在溝通發展的過程中，溝通行為無意義且尚未發展語言形式，此時期主要的表達方式為哭、笑、喃喃自語、臉部表情、肢體動作表達，並逐步建立有意義的溝通意圖，如：手勢（揮手→ bye bye）、發聲（發出「ㄨ」音，吸引他人注意、要求物品或道別），或是結合以上兩種形式呈現。綜合文獻（林桂如、李雅蓉、蔡立群、鍾雅婷，2017；郭令育，2016；Bates, Benigni, Bretherton, Camaioni, & Volterra, 1979），前語言期主要的溝通發展項目有六：(1) 眼神注視；(2) 眼神接觸；(3) 手勢動作；(4) 發聲；(5) 輪替萌發；(6) 共同注意力，說明如表 5-1。

一項針對 34 篇嬰幼兒口語前期語言學習相關研究的後設分析指出，主要照顧者運用自然的幼兒導向式語言和幼兒互動時，有助於幼兒的語言發展（Dunst, Ellen, & Deborah, 2012）。大人們在幼兒學習語言的歷程中，如欲融入幼兒導向式語言，可透過吸引目光接觸、多和幼兒說話、幫孩子說出來，以及日常共讀等方式，引導孩子自然發展語言。

（一）吸引目光接觸

多數家長可能以為用眼睛注視對方的眼神，是一種自然天生的表現，然而，這其實是幼兒從日常生活中與人的互動學習而來。跟幼兒說話時，讓孩子看著你的臉部表情與嘴唇動作，建立幼兒與人互動的溝通習慣，也幫助幼兒學習發出不同的聲音。一般嬰兒滿 3 個月之後，

語言起步走
學前幼兒語言誘發活動書

表 5-1 ▪ 前語言期幼兒溝通發展項目

項目	定義
眼神注視	非互動情境中，嬰幼兒的目光能夠固定對焦、注視感興趣的人、事、物（如：當床邊音樂鈴轉動時，嬰幼兒能夠自行看著轉圈中的小熊）。
眼神接觸	互動情境中，嬰幼兒能對感興趣的人事物有眼神接觸（如：家長逗弄他時，幼兒和家長的眼神有接觸）。
手勢動作	嬰幼兒能以「指示性手勢」（即有賴情境線索或照顧者解讀其意義，如：孩子踢腳，旁人無法明確了解其意圖，但媽媽知道他是表示想要出去）或普遍大眾理解意義的「象徵性手勢」（如：揮手→ bye bye）表達自己的需求。
發聲	嬰幼兒能用聲音表達自己的需求或回應他人（如：發出「ㄨ」音，吸引他人注意、要求物品或道別）。
輪替萌發	互動情境中，嬰幼兒開始有主動或被動等待感興趣的外在刺激（如：玩具、聲音）行為。
共同注意力	互動情境中，嬰幼兒為和他人分享感興趣的事物所使用的行為，包括： (1) 反應型共同注意力：幼兒能跟隨他人視線，以轉頭、手指指示等方式將注意力轉至他人視線所注視的事物上。 (2) 主動型共同注意力：能使用眼神接觸或手勢引起他人注意，並與他人分享他們所感興趣與愉悅之事物，也可能藉此尋求協助或要求物品。

資料來源：取自林桂如等人（2017，第 9 頁）。

逐漸會發展出更多的溝通行為，如：與大人的眼神接觸、喜歡注視大人的眼睛、發出聲音等；約 6 個月時，則會開始模仿大人的聲音，並發展出眼神交替能力，直到約 13 個月大時此種能力漸趨穩定（Bakeman & Adamson, 1984）。

對於一般嬰兒或語言發展較遲緩的幼兒而言，在尚未穩定發展出語言前，大人們如能吸引孩子的目光，除了能作為孩子模仿溝通行為的對象，亦能即時給予情感上的回饋和交流，讓彼此獲得很大的溝通成就感，並能增加孩子繼續與大人溝通、互動的意願。

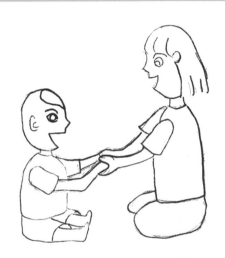

■ 說話時將目光注視對方，能即時給予彼此情感上的回饋和交流。

（二）多和幼兒說話

平時常和孩子描述正在進行的事件，例如：洗澡時，告訴幼兒現在要幫他洗澡，首先要脫掉衣服、拿掉尿布，再進到澡盆裡。隨著動作的進行，逐步將內容用口語描述出來，讓幼兒參與整個過程，也熟悉日常生活的語言。

（三）幫孩子說出來

當孩子感興趣地看著物品時，家長可以說出它的名稱，例如：孩子看向奶嘴，家長順勢告訴他：「你要奶嘴嗎？奶嘴給你！」讓孩子藉由反覆的語言接收，建立物品和名稱的連結。

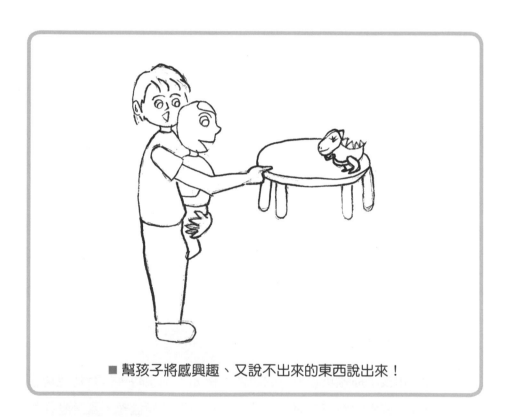

■ 幫孩子將感興趣、又說不出來的東西說出來！

（四）日常共讀

書中不同的圖案對幼兒而言往往極具吸引力。透過簡單的描述故事內容，或將書中圖片搭配兒歌、手指謠等哼唱給孩子聽，皆可增加幼兒聆聽和學習語言的樂趣，讓孩子預備進入口語與文字的世界。

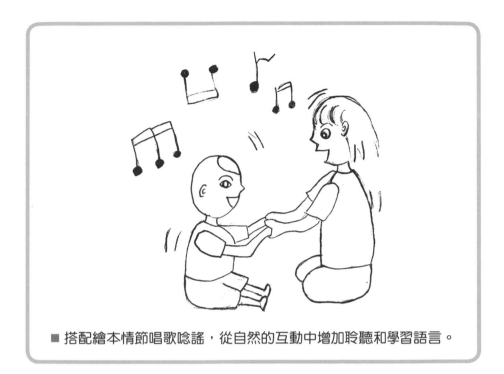

■ 搭配繪本情節唱歌唸謠，從自然的互動中增加聆聽和學習語言。

二、語言期

進入語言期，剛開始嬰幼兒的詞彙成長速度緩慢，通常需要累積到 50 個詞彙時，他們的詞彙發展就會加速成長（Owens, 2016）。在 18 個月大時，一般孩子甚至就有能力將主要照顧者運用幼兒導向式語言說過三次的新詞學起來，並在習得約 100 個詞彙後，進入詞彙大躍進（vocabulary spurt）時期（Houston-Price, Plunkett, & Harris, 2005）。

（一）單詞期

從 1 歲到 1 歲半開始說話，幼兒已學到第一個真正有意義的字，如：「爸」、「媽」等，同時幼兒亦會開始以聲音代稱物品，如：「汪

汪」代表狗、「喵喵」指稱貓。

（二）多詞期

　　約從 1 歲半至 2 歲，幼兒開始將不同的兩個詞語組成一句子，從單字句逐漸進展至數字句，如：「媽媽，汪汪」，再進而發展多字語句。開始時，兩個語句常有間隔，且結構不甚緊密，甚至是毫無文法可言，如：「媽媽—車車」。此外，幼兒也開始使用一些名詞，如：「布布、ㄋㄟ・ㄋㄟ」，其次加入動詞、形容詞等。此時，幼兒說話不再只是發音及模仿成人的聲音，亦逐漸不再那麼仰賴非語言的表達方式，而是開始學習語句的意義。

（三）文法期

　　2 歲到 2 歲半，幼兒開始注意文法，可清晰、正確地說出一個完整的句子；約在 2 歲半時，幼兒已開始有人稱的觀念，會使用「你、我、他」，開始意識到自我，並能了解聲音所代表的意義。

（四）複句期／好問期

　　2 歲半到 3 歲半，此期幼兒逐漸多使用複句，雖然使用時常出現遺漏關係詞的現象，但這現象會逐漸改善；3 歲期間，幼兒的詞彙快速增加，除了能以長串的字組成句子，也能以較正確的文法表達。這時期的幼兒還有另一特徵——喜歡發問，故又稱為「好問期」。

（五）完成期

　　4 至 6 歲，幼兒已能掌握完整的語言運用能力（包括發音和文法），並由好奇地發問與學習新詞，逐漸演變至追求語句的內容和求

知,所以常會問「為什麼?」、「誰說的?」、「什麼時候去?」等。
一般 6 歲的幼兒已可以說出流利、準確的語言。

貳 幼兒導向式語言的運用

在學前教育和早期療育,經常鼓勵在日常生活一來一回的對話輪替
中,運用幼兒導向式語言與孩子互動,透過豐富的主語言、非語言和副
語言與幼兒互動,藉此表達對孩子的關懷、吸引其注意力,並提高幼兒
的正向情緒。

主要照顧者對幼兒輸入語言的量,對孩子 2 歲時的語言發展最為重
要,而語言輸入的品質,則對孩子 3 歲時的語言發展影響最鉅(Rowe,
2012)。然而,幼兒其實並非一直扮演被動的語言接收者,尤其是當孩
子逐漸發展出主動的共同注意力時,他們可能會透過指著感興趣物品的
動作,期待主要照顧者有所回應(Begus, Gliga, & Southgate, 2014)。
若主要照顧者可即時針對孩子感興趣的指物動作予以回應,孩子將
更易學習建立所指的物品和詞彙間的關聯(Rowe & Goldin-Meadow,
2009)。

幼兒導向式語言的運用,宜搭配強調聲學特性的策略,以及自然的
非語言技巧,強化語言訊息的傳遞效果,並結合情境語言的教學技巧,
創造語言學習和運用的機會。當幼兒的聽語能力逐漸穩定發展後,再逐
步褪除幼兒導向式語言,回歸使用一般的成人導向式語言。

一、練習說唱俱佳：融合聲音、表情和動作

對於年幼或初期配戴助聽器或人工電子耳的聽障幼兒，為促進他們早期的聽語發展，可以使用幼兒導向式語言來幫助幼兒循序提高訊息接收的辨識能力（intelligibility），進而發展適當的溝通能力（Easterbrooks & Estes, 2007; Estabrooks, 2006）。當互動者使用幼兒導向式語言時，應留意環境中的噪音、距離位置、副語言（如：語句中的停頓）等會影響訊息聽取效果的因素，且應適時納入非語言（如：臉部表情、眼神接觸、自然的手勢動作）的提示，協助聽障幼兒順利接收語言訊息。筆者將促進語言訊息接收的技巧彙整如圖 5-1，並分述如下。

（一）透過強調聲學特性的技巧

1. 情境

背景噪音、距離因素和環境中有無視覺線索提示，常是影響聽障幼兒語言訊息接收與理解的情境因素（林桂如，2011；Estabrooks, 2000）。對於學語初期的幼兒而言，建議互動者可以先由安靜的環境、靠近孩子較近的距離，搭配適當的視覺提示（如：玩具、模型），鼓勵孩子專注於互動者傳達的語言訊息。等孩子的基本聽語能力穩固後，再逐步加入噪音、拉長距離和褪除環境中刻意安排的視覺線索提示（Estabrooks, 2006; Tye-Murray, 2006）。

2. 語序

當互動者使用幼兒導向式語言時，將關鍵字置放於句末或句首有助於讓聽障幼兒更易聽取訊息（張春興，1994；鄭昭明，1993；鄭麗玉，2006；Ling, 1987，引自 Estabrooks, 2006, p. 16），並提高其辨識

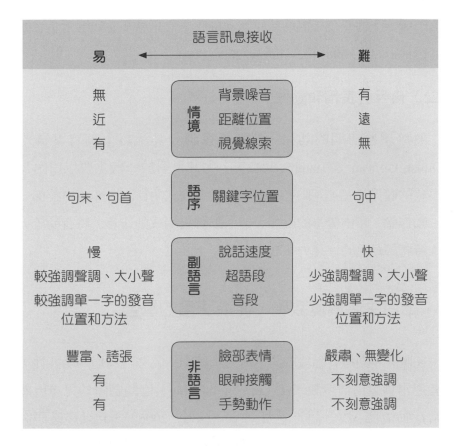

圖 5-1 ▪ 促進語言訊息接收的技巧

資料來源：整理自 Ling（1987；引自 Estabrooks, 2006, p. 16）。

句中語詞的能力（Sundara, Demuth, & Kuhl, 2011），如：弟弟要玩「飛機」、「飛機」飛高高。

3. 副語言

　　透過副語言強調聲學特性，主要是透過說話速度和超音段（suprasegmental，即言語分析中除音素之外的語音現象，如：聲音的長短、重音、聲調、語調）、音段（segment，語言中有意義的最小序

列）等線索上的變化，協助幼兒容易接收語言訊息，並理解對話者的意圖（Estabrooks, 2006; Tye-Murray, 2006）。

（二）自然的表情和動作

對於學語初期的幼兒，動作語在誘發其語言上具有實質效益（Dunst, Gorman, & Hamby, 2012），尤其是對於一般主要以口語為溝通模式的聽障幼兒，互動者在運用幼兒導向式語言時，如能搭配部分手勢、動作語，藉由豐富的臉部表情、眼神接觸或動作等，將有助於吸引和維持聽障幼兒的注意力（Tye-Murray, 2006）。

二、結合生活情境教學，促進語言的學習

在聽語早期療育階段的語言溝通訓練中，為強調溝通的功能性，教學者通常會運用情境教學法（milieu teaching）協助聽障幼兒在自然的日常互動情境下提升語言能力（Tye-Murray, 2006），目前多數研究亦支持自然的情境語言教學能有效增進身心障礙幼兒的語言與溝通能力（Westling & Fox, 1995）。對於學語初期的幼兒，互動者可以應用暗示和時間延宕、自我對話、延伸和示範、平行對話、重演、評論和命名等技巧，提供幼兒自然的學習情境，以助其學習的遷移與類化（參見表5-2）。

表 5-2 ▪ 情境語言教學技巧

技巧	內涵	舉例
暗示和時間延宕	由成人給幼兒非口語的提示,並提供一段時間以等待幼兒有所反應。	1. 說話者在語句之間暫歇等候的時間比平常久。 2. 說話者與幼兒之間有較長時間的彼此凝視。
自我對話	成人說出自己在想或做的事,藉以讓幼兒知道如何使用語言。	說話者描述當前手邊的動作,如:「我把盒子打開,我要把車車拿出來,我們等一下可以玩車車喔!」
延伸和示範	成人依據幼兒的興趣為中心,當幼兒從事一項有興趣的主題或活動時,即做此活動相關語言的延伸和示範。	幼兒:「娃娃哭。」 家長:「娃娃正在哭。」 幼兒:「娃娃難過。」 家長:「因為娃娃肚子餓,所以她很難過。」
平行對話	以幼兒為中心,說出幼兒正在做的事。	1. 這樣的對話敘述「這裡」和「現在」發生的事,符合幼兒正在看的東西或正在做的事。 2. 說話者以問句的形式來描述幼兒的活動狀況,例如:「哦!你在踢被被(嗎)?」
重演	家長將幼兒表達的詞彙轉化為問句形式。	幼兒:「爸爸來!」 家長:「你要爸爸坐在沙發上嗎?」
評論	成人針對話題做出一些評論,藉以鼓勵幼兒繼續表達。	家長:「對啊!你說對了,你還有想到什麼?」
命名	成人將幼兒想說、卻不會說的事物表達出來。	幼兒手指著玩具,嘴巴發出咕噥聲。 家長:「這是車子。」

資料來源:整理自 Tye-Murray(2006)和 Kuder(2003)。

三、創造有溝通需求的情境

幼兒導向式語言有助於幼兒專注與說話者互動，因此又常被視為幼兒選擇合適社交夥伴的線索（Schachner & Hannon, 2011）。為了在日常生活中誘發幼兒形成溝通企圖，提高其與他人互動的機會，茲提出常見有效創造溝通需求情境的策略如下（林寶貴，1998；Ostrosky & Kaiser, 1991）：

1. **趣味的活動**：提供幼兒喜歡的活動素材，由平時的觀察確定幼兒的喜好，並不時替換這些素材，藉以保持幼兒的興趣及形成參與互動的動機。

2. **看得到、拿不到**：將一些幼兒喜歡的東西放在看得到卻拿不到的地方，以鼓勵幼兒提出請求。例如：在點心時間，家長將餅乾放在幼兒無法拿取的位置，若幼兒伸手去拿那塊餅乾，家長便可鼓勵他做出請求；倘若幼兒本身尚未發展出口語，則請幼兒指出或運用溝通輔具做出請求。

3. **材料短少**：提供幼兒少量或分配不均的材料，例如堆積木時積木有限，當幼兒需要更多材料時，就必須做出請求。

4. **做選擇**：常鼓勵或引導幼兒在兩樣物品中做選擇。例如：吃點心時，可請幼兒在水果與餅乾之間做出選擇，若幼兒本身沒有口語，則可以用指的方式表達。

5. **請求協助**：設計一項需要幫助的情境，能有效激發幼兒溝通的需求。例如：一個纏在一起的玩具或打不開的罐子等，都可能提供幼兒向大人請求幫忙的機會。

6. **從中作梗**：設計一項幼兒無法順利完成的活動，例如：請幼兒將圖

片剪下並貼在紙上，但是他的膠水卻擠不出來，或者，剪刀太鈍無法剪裁。為了完成工作，有問題材料的幼兒就需要向其他同儕借材料。

7. **不合邏輯的情況**：設計一些荒謬的情境，例如將客廳的日曆反掛，讓孩子感受到環境中的不同而促發口語的溝通。

生活中，許多和孩子經驗相關的活動和事件皆適合轉化作為增加幼兒溝通互動行為的自然素材和情境。因此，若互動者能審慎選擇日常活動，適時加入幼兒導向式語言的引導，則隨時隨地都是學習語言的良好時機和場所。

四、適時減少幼兒導向式語言，接軌自然的互動語言

在幼兒學語初期用來誘發幼兒語言發展的幼兒導向式語言，隨著幼兒的發展也需要逐漸褪除，回歸到成人導向式的語言，以銜接兒童一般性的語言發展。

Dornan（2003）在討論家長如何為聽障幼兒進行日常生活中的語言輸入時，建議可以針對幼兒的學習需求調整幼兒導向式語言的使用程度。例如：對於剛開始學習口語表達的聽障幼兒，互動者可以增加幼兒導向式語言的技巧，等幼兒的能力提升後，便逐步褪除，減少刻意對關鍵字詞的強調、重複和誇張性，轉而回歸比較自然的語調、節奏和說話速度。此外，也可以適時加入聽取陌生人聲音的訓練，幫助聽障幼兒提升自然情境中不同人聲的聽辨能力，如表 5-3 所示。

表 5-3 ▪ 幼兒導向式語言的使用

初階幼兒	進階幼兒
• 放慢說話速度。	• 使用一般說話速度。
• 在片語和句子中加入多一點的停頓。	• 在片語和句子中減少停頓。
• 加入多一點的高低音。	• 減少高低音。
• 重複關鍵字詞。	• 逐漸減少重複關鍵字詞。
• 強調關鍵字詞。	• 逐漸減少強調關鍵字詞。
• 多一點表達和誇張性。	• 多一點表達,但少一點誇張性。
• 多一點聲音的變化性。	• 可以回歸平常講話的音調。

資料來源:取自林桂如主編(2014,第 79 頁)。

　　一般人常將幼兒導向式語言與中文的疊詞(如:車車、水水)畫上等號,然而,幼兒為導向的語言其實是富含變化性的語調、豐沛的情感、自然伴隨的手勢動作,並強調在有意義的情境中使用。若幼兒的家長與相關療育人員能有效利用幼兒導向式語言中所蘊含的特色,並搭配情境語言的教學技巧誘發溝通需求,幼兒將能更容易清楚聽取訊息、理解內容並奠定語言知識,進而累積良好的溝通表達能力。

參考文獻

林桂如（2011）。聽力損失幼兒在早期療育階段之聽能訓練與管理。雲嘉特
　　教，**14**，19-25。

林桂如（主編）（2014）。以家庭為中心的聽覺障礙早期療育——聽覺口語法
　　理論與實務。臺北：心理。

林桂如、李雅蓉、蔡立群、鍾雅婷（2017）。聽覺障礙兒童溝通能力之評估面
　　向。聽障教育期刊，**16**，8-12。

林寶貴（1998）。學前兒童的語言治療與介入。特殊園丁，**14**，1-8。

郭令育（2016）。語言前期兒童溝通能力：以實證為基礎的評估與治療。臺灣
　　聽力語言學會，未出版手稿。

張春興（1994）。教育心理學——三化取向的理論與實踐。臺北：東華。

鄭昭明（1993）。認知心理學理論與實踐。臺北：桂冠。

鄭麗玉（2006）。認知心理學——理論與應用。臺北：五南。

Bakeman, R., & Adamson, L. (1984). Coordinating attention to people and objects in
　　mother-infant and peer-infant interaction. *Child Development, 55,* 1278-1289.

Bates, E., Benigni, L., Bretherton, I., Camaioni, L., & Volterra, V. (1979). *The
　　emergence of symbols: Cognition and communication in infant.* New York:
　　Academic Press.

Begus, K., Gliga, T., & Southgate, V. (2014). Infants learn what they want to learn:
　　Responding to infant pointing leads to superior learning. *PLoS ONE, 9*(10),
　　e108817. Retrieved from http://journals.plos.org/plosone/ article?id=10.1371/
　　journal.pone.0108817

Bruner, J. S. (1975). From communication to language: A psychological perspective.
　　Cognition, 3(3), 255-287.

Dornan, D. (2003). *Listen little star: Family activity kit.* Tampa, FL: Auditory-Verbal

Learning Institute.

Dunst, C. J., Ellen, G., & Deborah, W. H. (2012). Preference for infant-directed speech in preverbal young children. *Center for Early Literacy Learning Reviews, 5*(1), 1-13.

Dunst, C. J., Gorman, E., & Hamby, D. W. (2012). Effects of motionese on infant and toddler visual attention and behavioral responsiveness. *Center for Early Literacy Learning Reviews, 5*(9), 1-9.

Easterbrooks, S. R., & Estes, E. L. (2007). *Helping deaf and hard of hearing students use spoken language: A guide for educators and families*. Thousand Oaks, CA: Corwin Press.

Estabrooks, W. (2000). What model for developing listening skills is followed in Auditory-Verbal Therapy?. In W. Estabrooks (Ed.), *50 frequently asked questions about auditory-verbal therapy* (pp. 141-148). Toronto, Canada: Learning to Listen Foundation.

Estabrooks, W. (2006). *Auditory-verbal therapy and practice*. Wahshington, DC: Alexander Graham Bell.

Golinkoff, R. M., Can, D. D., Soderstrom, M., & Hirsh-Pasek, K. (2015). (Baby) talk to me: The social context of infant-directed speech and its effects on early language acquisition. *Current Directions in Psychological Science, 24*(5), 339-344.

Houston-Price, C., Plunkett, K., & Harris, P. L. (2005). 'Word-learning wizardry' at 1;6. *Journal of Child Language, 32*(1), 175-189.

Kuder, S. J. (2003). *Teaching students with language and communication disabilities* (2nd ed.). New York: Allyn & Bacon.

Ostrosky, M. M., & Kaiser, A. P. (1991). Preschool classroom environments that promote communication. *Teaching Exceptional Children, 23*(4)6-10.

Owens, R. E., Jr. (2016). *Language development: An introduction* (9th ed.). San Antonio, TX: Pearson.

Rowe, M. L. (2012). A longitudinal investigation of the role of quantity and quality of child-directed speech vocabulary development. *Child Development, 83*(5), 1762-1774.

Rowe, M. L., & Goldin-Meadow, S. (2009). Differences in early gesture explain SES disparities in child vocabulary size at school entry. *Science, 323*, 951-953.

Sachs, J. (2005). Communication development in infancy. In J. B. Gleason (Ed.), *The development of language* (4th ed., pp. 39-61). Needham Heights, MA: Allyn & Bacon.

Schachner, A., & Hannon, E. E. (2011). Infant-directed speech drives social preferences in 5-month-old infants. *Developmental Psychology, 47*(1), 19-25.

Sundara, M., Demuth, K., & Kuhl, P. K. (2011). Sentence-position effects on children's perception and production of English third person singulars -*s*. *Journal of Speech, Language, and Hearing Research, 54*, 55-71.

Tye-Murray, N. (2006). *Foundations of aural rehabilitation: Children, adults, and their family members*. San Diego, CA: Singular.

Westling, D. L., & Fox, L. (1995). *Teaching students with severe disabilities*. Englewood Cliffs, OH: Prentice-Hall.

第六章

幼兒導向式語言的互動實例

🌸 余雅筑

教育即生活。

——杜威（Dewey）

壹 啟動日常中的豐富語言

廣義來說，人與環境不斷互動的歷程就是生活，而教育也是一種持續互動的動態歷程（林秀珍，2001）。因此，在生活情境中實踐教學，不像坐在教室中學習那般制式且拘謹，讓學習者能在真實或模擬的情境中，實際參與、感受、思考及行動，也能保有高度的學習動機，能更有效率地習得知識，並應用在生活中。

學習的起點，不侷限於上了幼兒園或就讀小學才開始，其實是透過不斷地接收語音，進而能夠理解語意、學習如何運用語言，再依語法規則組織語句（張欣戊、林淑玲、李明芝譯，2014），藉由持續模仿、學習、與人互動，使得語言及溝通技能逐漸發展成熟。也有學者指出，嬰幼兒與生活中的人接觸所產生之互動經驗，能刺激其語言發展（錡寶香，2009）。當對孩子講得越多，大人使用的詞彙就會越豐富，這也是

孩子語言發展快速成長的因素之一（Hoff, 2006）。

貳 幼兒導向式語言的互動實例設計架構與說明

運用生活情境與孩子互動的好處很多，且互動自然、沒有壓力，不需刻意營造老師教學的角色，只要依循孩子正在注意、感興趣的事物，就可進行語言互動；也因為是孩子感興趣的主題，其共同注意力及傾聽的行為也會更穩定。此外，出現的重複性高、接觸頻繁，也是運用生活情境來學習的一大優點，孩子可以反覆地在同一個情境中探索及思考，當遇到問題時則想辦法解決。

一、主題領域

本章的互動實例共規劃了六個主題領域，分別是：(1) 生活作息；(2) 戶外活動；(3) 歌唱律動；(4) 遊戲 (5) 創作；(6) 閱讀，再依每個領域各設計兩個學習階段的互動情境。

二、互動對象

兒童的語言發展分為前語言期和語言期，前者為孩子開始發展出各種非特定意義的溝通意圖階段，後者為孩子開始能夠使用有意義詞彙的階段。語言期通常出現在 1 歲到 1 歲半左右，又可依照孩子表達的語詞、語句的完整性，區分為以下五個時期：單詞期、多詞期、文法期、

複句期／好問期、完成期。

　　本章依兒童的語言發展時期，將單詞和多詞期發展中的兒童歸在
「初階」，文法期、複句期／好問期、完成期及以上的兒童歸在「進
階」。六個主題領域分別設計了不同的「初階」及「進階」情境互動實
例，搭配合宜的活動設計、語言程度、幼兒導向式語言技巧。

三、情境語言技巧的使用

　　在「初階」及「進階」情境互動實例中，分別演示不同的情境語言
技巧。初階活動範例中，著重於奠定聽的基礎及經驗的累積，須讓孩子
在大量的聽覺刺激下學習聽語音及理解其語意，此時多使用「自我對
話」、「平行對話」、「重複重要訊息片段」、「命名」等技巧。與孩
子互動的過程中，透過不斷描述自身或孩子的動作、想法，加強語意連
結，累積理解性語言，透過副語言強調聲學特性來吸引孩子的注意力和
興趣，如：誇大的面部表情和肢體動作、豐富的語調起伏。舉例來說，
當你看到孩子想自己把外套脫下來，但卻脫不下來時，你可以這麼做：

　　　「你想要把外套脫下來嗎？這裡有拉鍊，手手抓著拉鍊，
把拉鍊往下拉。」
→說明：善用「重複重要訊息片段」和「命名」技巧，重複出現
「拉鍊」這個詞彙，同時也教孩子拉拉鍊的動作。

　　　「你現在手手拉著拉鍊，往下拉、再往下拉、再拉一下，
你好棒，拉鍊拉下來了。」
→說明：善用「平行對話」技巧，說出孩子正在拉拉鍊的動作，再

搭配驚喜的語調，讓孩子很有成就感。

「我把外套的袖子拉好，把外套掛在衣櫃最下面，這樣你
要穿時可以自己拿得到。」
→說明：善用「自我對話」技巧，說出自己正在做的事，同時也示
範掛外套的動作並說出完整的語句。

進階活動範例中，孩子需要完整且豐富的語言內容，因此多使用
「暗示和時間延宕」、「延伸和示範」、「評論」、「重演」等技巧，
著重擴展理解性詞彙、正確語法的使用，並鼓勵孩子表達自己所看到
的、所想的，再給予回饋及肯定。
舉例來說，當孩子不小心把桌上的水杯打翻了，你可以這麼做：

孩子說：「哇！」
→回應：此時，你可以看著孩子，再看向翻倒的水杯，善用「暗示
和時間延宕」技巧等待孩子再次做出反應。

孩子說：「哇！倒了！」
→回應：此時，你可以使用「延伸和示範」技巧，說：「哇！杯子
倒了，水都流出來了！」再等待孩子接下來的反應。

孩子說：「媽媽擦擦。」
→回應：此時，你可以使用「重演」技巧，說：「你要媽媽把水擦
一擦嗎？」

孩子說：「妹妹把水擦一擦。」
→回應：此時，你可以使用「評論」技巧，說：「對！妹妹好棒，

幫忙把水擦一擦，要用什麼擦一擦呢？」等待並鼓勵孩子針對話題
繼續表達。

綜上所述，孩子語言成長的關鍵掌握在我們的手中，我們須將語言
技巧的使用時機拿捏得宜，便可激發並推進孩子的語言能力。

四、幼兒導向式語言的互動實例

以下我們將分享六大主題領域在不同情境下的互動實例，在這 12
個互動實例的活動設計中，皆分別列有建議的互動地點、互動媒材、互
動目標，以及需特別留意的互動技巧。你可以使用表 6-1，先挑選欲互
動的主題，再檢視孩子的語言發展落於哪個時期，進而查閱初階或進階
活動實例，還可以掃描 QR Code 觀賞活動示範影片喔！

表 6-1 ■ 結合幼兒導向式語言技巧的初、進階活動說明

主題領域	初階活動	說明	語言技巧示範	進階活動	說明	語言技巧示範
生活作息	01 親子下午茶	吃點心時間讓人感到輕鬆和滿足，善用此情境與環境孩子互相分享美食，增進親子互動。	• 命名 • 平行對話 • 自我對話	02 我愛嚕啦啦	多數孩子都喜歡洗澡，洗澡也是每天親子共處的歡樂時光，把握時機進行語言互動。	• 平行對話 • 暗示和時間 • 延名 • 延伸和示範 • 評論
戶外活動	03 一起去公園	公園中的大自然素材或特別設置的遊具，不僅能促進肢體發展，也可讓孩子盡情發揮創意，還可促進社交互動。	• 重複重要訊息片段 • 命名 • 自我對話 • 重演	04 開心動物園	多數孩子天生都是愛動物的，也時常把玩物當成玩伴，可以帶孩子進動物園認識動物及生活習性。	• 命名 • 延伸和示範 • 評論
歌唱律動	05 伊比捏捏按摩趣	重複唱誦手指謠再搭配身體按摩的情境規劃，激聽力、節奏及記憶力，更可建立語言能力。	• 重複重要訊息片段 • 強調聲學特性 • 平行對話 • 自我對話	06 心情魔法師	唱遊的同時，孩子會將聽到的新詞彙與樂曲進行連結，間接地發展他們對於語言和音樂的創造力。	• 暗示和時間 • 延名 • 延伸和示範

表 6-1 ■ 結合幼兒導向式語言技巧的初、進階活動說明（續）

主題領域	初階活動	說明	語言技巧示範	進階活動	說明	語言技巧示範
遊戲	07 小小運動會	學齡前的幼兒大量依賴「感官」來認識周遭事物，透過體驗不同的活動及物品，增進大腦突觸連結，也提升語言及認知能力。	• 重複重要訊息片段 • 強調聲學特性 • 平行對話 • 自我對話	08 家中有個寶藏山	利用具有神祕感的遊戲，提高孩子的互動動機及注意力。	• 暗示和時間 • 延名 • 延伸和示範 • 評論
創作	09 動手做麵包	親子間從認識原料、慢慢製作雛形，到具體成形，在烘焙的過程中親子間有大量的溝通、合作與互動，不僅可發揮創意，還藉此抒發情緒及想法。	• 命名 • 平行對話 • 自我對話 • 重演	10 小小藝術家	學齡前的幼兒還無法透過大量的語言、文字充分表達其想法和經驗，因此，透過各種藝術媒材及動手操作，是幼兒溝通想法的最好工具。	• 重複重要訊息片段 • 強調聲學特性 • 自我對話 • 延伸和示範 • 評論 • 重演
閱讀	11 好玩的布書	布書除了有鮮豔的色彩，其柔軟的材質可以讓幼兒盡情地與書互動，在幼兒專注玩書的同時，便是最佳的語言輸入時間。	• 命名 • 自我對話 • 重演	12 好忙的蜘蛛	透過重複且可預測的文字，能讓幼兒掌握故事的脈絡，再搭配鮮明的圖像凸顯視覺刺激、立體的觸覺感受，激發出更豐富的親子共讀互動。	• 命名 • 暗示和時間 • 延名 • 延伸和示範

林秀珍（2001）。「教育即生活」抑「生活即教育」？——杜威觀點的詮釋。
教育研究集刊，**47**，1-16。

張欣戊、林淑玲、李明芝（譯）（2014）。D. R. Shaffer & K. Kipp 著。**發展心
理學**（Developmental psychology: Childhood and adolescence）。臺北：學
富文化。

錡寶香（2009）。**兒童語言與溝通發展**。臺北：心理。

Hoff, E. (2006). How social contexts support and shape language development.
Developmental Review, 26(1), 55-88.

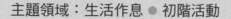

主題領域：生活作息 ● 初階活動

01 親子下午茶

設計者：余雅筑

互動地點｜家中飯廳

互動媒材｜碗、湯匙、食物（孩子喜愛的）

互動目標｜名　　詞：碗、嘴巴、餅乾（依孩子喜愛的食物調整）

　　　　　形 容 詞：髒髒的

　　　　　動　　詞：ㄚ～～～ㄇㄚ（吃）

　　　　　溝通意圖：伸手（表示還想吃或鼓勵孩子口語表達「還
　　　　　　　　　　要」）

　　　　　延伸目標：和孩子討論食物的味道（如：甜、辣）、口感
　　　　　　　　　　（如：脆、軟），吃完飯後一起將碗盤和桌面清
　　　　　　　　　　潔乾淨。

〔語言技巧示範〕

命名

平行對話

自我對話

〔活動影片〕

互動流程	**1 拿孩子愛吃的食物吸引孩子注意**
互動場景	準備孩子愛吃的食物，並展示給孩子看。
互動內容	家長：你看！這是你愛吃的餅乾，好好吃的餅乾，我們一起吃餅乾。

活動照片 1-1

> 小叮嚀 在孩子面前展示食物，觀察孩子是否會注視家長或是餅乾、伸手想拿或是口語表達「要」的反應。

家長：我們一起吃餅乾，吃圓圓的餅乾，好好吃的餅乾。

互動流程	**2 準備餐具**
互動場景	帶孩子到廚房拿餐具並坐下來。
互動內容	家長：我們去找一找碗，再一起吃餅乾。

> 小叮嚀 帶孩子到廚房，觀察孩子能否先找到放碗的地方。

家長：你有沒有看到碗在哪裡呢？找一找哪裡有圓圓的碗？圓圓的碗在哪裡？

> 小叮嚀 問孩子「碗在哪裡？」，觀察孩子是否有尋找的行為。當孩子找到碗時，透過豐富的語調肯定孩子，可以加深孩子對「碗」的印象及提高參與感。

	家長：找到「碗」了！「碗」在桌子上面，有藍色的「碗」、綠色的「碗」、小小的「碗」，好多好多的「碗」，你要拿哪一個「碗」吃餅乾呢？ **語言技巧** 使用【自我對話】的技巧，家長說出自己正在想或正在做的事，藉以讓孩子知道如何使用語言；並可使用【重複重要訊息片段】來幫助孩子理解該詞彙。 **例如**：在找一找碗的時候，以及拿到碗的時候，家長說出自己正在做的事；重複詞彙「碗」。
互動流程	**3 選擇餐具**
互動場景	讓孩子選擇想要的餐具，再開始活動。
互動內容	家長：我們坐好一起吃餅乾。你要拿哪一個「碗」吃餅乾呢？ **小叮嚀** 鼓勵或引導孩子做選擇，可以提高孩子的互動動機。  活動照片 1-2

	孩子：（手指或發出聲音表示想要的碗） 家長：喔！你要綠色的「碗」是不是？我們用綠色大大的「碗」吃餅乾，用「碗」裝好多餅乾！ 語言技巧 使用【命名】的技巧，家長將孩子想說、卻不會說的事物表達出來。 例如：你要綠色的碗是不是？
互動流程	**4 一起開動**
互動場景	將餅乾倒在碗裡，並一起開動。
互動內容	家長：媽媽把餅乾倒出來，倒在圓圓的碗裡，碗裡面有好多餅乾。 家長：把嘴巴張大大「啊～～～」吃餅乾。大大的嘴巴吃餅乾，「ㄚ～～～ㄇㄚ」，嘴巴咬咬咬，好好吃的餅乾。 小叮嚀 模仿孩子用「嘴巴」吃餅乾的動作以及聲音，面帶笑容表示好吃。另可等待孩子，不急著拿下一片餅乾，看孩子是否有「伸手」或「張開嘴巴」表示想吃餅乾的溝通意圖。 家長：你還要吃餅乾嗎？嘴巴張大「ㄚ～～～ㄇㄚ」。
互動流程	**5 收拾活動**
互動場景	吃完食物後，把食物和餐具收拾乾淨。
互動內容	家長：餅乾吃完了，碗裡面空空的，沒有餅乾了。 家長：裝餅乾的碗「好髒」，我們要把「髒髒的」碗洗一洗。 家長：吃完餅乾的嘴巴也「髒髒的」，媽媽拿衛生紙給你，把「髒髒的」小嘴巴擦一擦。 孩子：（拿著衛生紙在擦嘴巴）

活動照片 1-3

家長：你好棒喔！自己擦一擦「髒髒的」嘴巴，嘴巴擦好
　　　了，你把嘴巴擦得好乾淨喔！

語言技巧　使用【平行對話】的技巧，以孩子為中心，說出
　　　　　孩子正在做的動作；並可【重複重要訊息片段】
　　　　　來幫助孩子理解該詞彙。

　　　　　例如：你自己擦一擦「髒髒的」嘴巴。

02 我愛嚕拉拉

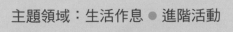

設計者：張宇彤

互動地點｜房間、浴室

互動媒材｜沐浴用品（沐浴乳）、澡盆

互動目標｜名　　　詞：沐浴乳

　　　　　　形 容 詞：溫溫的、溫暖、乾淨、香噴噴

　　　　　　動　　　詞：清潔

　　　　　　延伸目標：認識其他沐浴用品（如：洗髮精、香皂）和新詞

　　　　　　　　　　　（如：溼答答、滑溜溜）

〔語言技巧示範〕

平行對話

暗示和時間延宕

延伸和示範

評論

〔活動影片〕

互動流程	**1 以聲音引起孩子的注意**
互動場景	與孩子待在房間聽水的聲音。
互動內容	家長：咦？我有聽到聲音欸！你有聽到聲音嗎？聽聽看，是什麼聲音呢？ 孩子：水！ 家長：沒錯，我們聽到的是水流出來的聲音喔！嘩啦嘩啦的聲音是水的聲音。  活動照片 2-1 小叮嚀 詢問問題後，可透過眼神或手勢提醒，例如：指耳朵或指向浴室，鼓勵及引導孩子回應。 語言技巧 使用【暗示和時間延宕】技巧，由家長給孩子非口語的提示，並提供一段時間以等待孩子有所反應。 例如：讓孩子察覺並說出發現的聲音。 孩子：洗澡。 家長：你想要洗澡嗎？那我們去浴室看洗澡水是不是放好了。 語言技巧 使用【重演】的技巧，家長將孩子表達的詞彙轉化為問句形式。 例如：你想要洗澡嗎？

互動流程	**2** 以觸覺引起孩子的興趣
互動場景	引導孩子到浴室，與孩子一同用手感受水溫。
互動內容	家長：哇！洗澡水已經放滿了。水摸起來不會燙燙的，也不會冰冰的，是「溫溫的」水。摸完水手也變得好「溫暖」。你也把手放進澡盆裡吧！摸「溫溫的」水是不是讓你覺得好「溫暖」呢？我們來沖沖水，讓身體變「溫暖」吧！ **語言技巧** 透過【重複重要訊息片段】促進並幫助孩子接收或理解詞彙。 **例如**：溫溫的、溫暖。 家長：洗澡要用香噴噴的沐浴乳喔！ 孩子：壓一壓。 家長：對！要壓一壓罐子，才能擠出裡面的沐浴乳。 孩子：拿。 家長：對呀，我們要擠一些沐浴乳，用手心接住沐浴乳。 **語言技巧** 使用【延伸和示範】的技巧，家長依據孩子的興趣為中心，當孩子從事一項有興趣的主題或活動時，即做此活動相關語言的延伸和示範。 **例如**：延伸沐浴乳的使用方式。
互動流程	**3** 和孩子進行搓澡活動
互動場景	引導或跟隨孩子的注意力，將泡泡抹至身體各處。
互動內容	家長：沐浴乳要抹在哪裡呢？ 孩子：肚子和腳。 家長：對，沐浴乳可以抹肚子和腳。你還有想到哪裡也要抹一抹泡泡嗎？ 孩子：頭。 家長：沒錯，頭也需要抹一抹喔！

活動照片 **2-2**

小叮嚀 肯定孩子說出的身體部位,並可透過手或眼神引導孩子繼續表達其他身體部位。

語言技巧 使用【評論】的技巧,家長在與孩子對話互動時,針對話題做出一些評論,藉以鼓勵孩子繼續表達。

　　例如:讓孩子表達想清洗的身體部位。

家長:你在用手心搓沐浴乳呀!手上好多的泡泡喔!你已經開始搓你的肚子了。你把肚子「清潔」得很「乾淨」,不會很骯髒。小鴨子也想要變「乾淨」嗎?沒問題,你來幫鴨鴨「清潔」一下吧!你在幫鴨鴨搓頭,鴨鴨的頭被「清潔」得好「乾淨」耶!

語言技巧 使用【平行對話】的技巧,以孩子為中心,說出孩子正在做的動作;並可【重複重要訊息片段】來幫助孩子理解該詞彙。

　　例如:孩子洗澡的過程。

家長:每個地方都已經搓完了,最後來沖沖水吧!所有的泡泡都沖掉了,全身變得好乾淨,聞起來也香噴噴的呦!

互動流程	**4** 與孩子討論洗澡的過程
互動場景	回到房間。
互動內容	家長：洗完澡舒服嗎？ 孩子：舒服。 家長：為什麼好舒服？因為身體會變怎麼樣？ 孩子：香香的。 家長：對啊！洗完澡身體會香噴噴的，還會變得暖和。我們 　　　明天也要一起把身體洗得又香又乾淨喔！

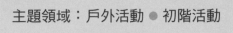

主題領域：戶外活動 ● 初階活動

03 一起去公園

設計者：林珈霈

互動地點｜公園

互動媒材｜外出用品（如：推車、野餐墊）、玩具（如：球、泡泡水等）

互動目標｜名　　詞：鞋子、公園、車子、溜滑梯、葉子

　　　　　動　　詞：溜、抱抱、撿

　　　　　溝通意圖：抱抱、幫忙、還要、不要了

　　　　　延伸目標：認識天氣相關（如：太陽、天空、雲、風等）

〔語言技巧示範〕

重複重要訊息片段

命名

自我對話

重演

〔活動影片〕

互動流程	**1** 準備出門
互動場景	家門口玄關或電梯口。
互動內容	家長：我們要去公園囉！我們要出去玩了，來穿鞋子吧！鞋子在哪裡呢？ **小叮嚀** 給予多一些時間等孩子尋找鞋子，在找不到的時候才適時給予協助。 家長：你找到了！鞋子在這裡。我們一起穿鞋子吧！把腳伸進去鞋子裡面，鞋子要黏起來，鞋子穿好了！ 孩子：（穿好鞋子） 家長：我們要去哪裡呀？（等待孩子表示） 孩子：（孩子手指門外興奮貌） 家長：對！我們要去公園玩，來坐車車去公園！我們要下樓，去公園玩囉！ 孩子：（表現雀躍） 家長：對！我們要出去玩！要出發去公園！ **語言技巧** 使用【暗示和時間延宕】技巧，由家長給孩子非口語的提示，並提供一段時間以等待孩子有所反應。 　**例如**：等待孩子尋找鞋子以及嘗試回答要去哪裡。
互動流程	**2** 路途中，針對孩子所見說給孩子聽
互動場景	人行道、馬路上或商店旁。
互動內容	家長：「公園」在哪裡呀？你看！「公園」在馬路對面！我們要過馬路去「公園」玩！要看看有沒有車子唷！沒有車子才能過馬路唷！你看有小朋友在「公園」玩耶！還有人在玩溜滑梯、盪鞦韆還有蹺蹺板！我們要過馬路去「公園」囉！ **小叮嚀** 時時刻刻描述孩子注意力所及之處，可以幫助孩子理解環境中的事物。

語言技巧 透過【強調聲學特性】及【重複重要訊息片段】來幫助孩子理解不同的詞彙。

例如：變化音量大小聲強調「公園」一詞，並在互動中重複。

孩子：（手指向車子）

家長：對！那是「車子」，你看到「車子」了！「車子」停下來讓我們過馬路，「車子」在排隊等紅燈，我們趕快過馬路吧！

活動照片 3-1

小叮嚀 說出孩子所展現的溝通意圖，當他的翻譯，在孩子亟欲分享時幫助他理解當下可以使用的詞彙。

語言技巧 使用【命名】的技巧，家長將孩子想說、卻不會說的事物表達出來。

例如：車子。

互動流程	**3** 來到公園
互動場景	公園內設施旁。
互動內容	家長：我們到了！到公園了！哇！你看哥哥跑好快！哥哥在做什麼？他在「溜滑梯」耶！姊姊也爬上去了，爬上去「溜滑梯」！姊姊爬好高唷！咻～溜下來了！ 孩子：（指著溜滑梯的小朋友） 家長：對！哥哥「咻～」溜下來了！從「溜滑梯」上面「咻～」溜下來！ （小朋友跑過孩子面前） 家長：你看，姊姊跑好快！姊姊在追哥哥，哥哥要從「溜滑梯」上溜下來了！妹妹躲在「溜滑梯」的後面！是誰呀？是誰躲在「溜滑梯」後面呢？（看著孩子） 孩子：（看向溜滑梯後面） 家長：喔！是妹妹躲在「溜滑梯」後面呀？你看「溜滑梯」好高唷！要爬樓梯去高高的地方，要爬好高好高唷！「溜滑梯」跟樹一樣高！
	語言技巧 使用【平行對話】的技巧，以孩子為中心，說出孩子正在做的動作；並可【重複重要訊息片段】來幫助孩子理解該詞彙。 例如：孩子正在注意溜滑梯玩耍的人。 活動照片 3-2

	孩子：（指向溜滑梯） 家長：你要溜滑梯是不是？你也想要溜？媽媽抱你溜滑梯！ 語言技巧 使用【重演】的技巧，家長將孩子表達的詞彙轉化為問句形式。 例如：你要溜滑梯是不是？
互動流程	**4** **在公園探索**
互動場景	說出孩子正在注意的事情、正在發生的事情。
互動內容	孩子：（蹲下撿東西） 家長：你看到葉子了？地上有葉子，那是樹葉，樹上掉下來的葉子，這裡有大大的葉子，破掉的葉子。摸摸看葉子，是粗粗的葉子！我拿葉子搧一搧！好涼喔！ 語言技巧 使用【自我對話】的技巧，家長說出自己正在想或正在做的事，藉以讓孩子知道如何使用語言。 例如：說出大人所正在做的事情，如觸摸葉子、搧葉子的動作以及葉子摸起來的觸覺感受。

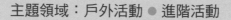

主題領域：戶外活動 ● 進階活動

04 開心動物園

設計者：丁文婷

互動地點｜動物園

互動媒材｜外出用品（如：背包、水壺）、錢包

互動目標｜名詞：動物園、動物名稱（如：大象、長頸鹿、紅鶴等）

名詞：動物特徵（如：羽毛、脖子等）

名詞：售票流程相關（如：售票口、售票員、門票等）

動詞：動物展示的動作（如：喝水、打滾、趴等）

〔語言技巧示範〕

命名

延伸和示範

評論

〔活動影片〕

互動流程	**1 抵達動物園，準備買票相關事宜**
互動場景	動物園的售票口。
互動內容	家長：我們到站囉！接下來要去動物園的「售票口」買「門票」！買好「門票」，我們才可以入園喔！ 家長：「售票口」到囉！這裡就是賣動物園「門票」的地方，來，你幫忙跟「售票員」阿姨說我們要幾張「門票」。 **語言技巧** 使用【暗示和時間延宕】技巧，由家長給孩子非口語的提示，並提供一段時間以等待孩子有所反應。 **例如**：跟孩子說完想請他表達的買票相關內容後，便停止說話，眼神凝視孩子，等待他與售票員有所互動。 家長：對！你說得好棒！我們要三張「門票」！ 孩子：錢錢（伸手指錢包）。 家長：你要媽媽付錢給「售票員」阿姨嗎？ **語言技巧** 使用【重演】的技巧，家長將孩子表達的詞彙轉化為問句形式。 **例如**：當孩子說出「錢錢」，家長轉為問句回應孩子所表達的意思。 家長：跟「售票員」阿姨說掰掰！ 家長：這是你的「門票」，你要拿好喔！我們進去吧！ **語言技巧** 透過【重複重要訊息片段】促進並幫助孩子接收或理解詞彙。 **例如**：在買票的過程中，陌生字詞（如：售票員等）不斷在完整句中重複出現，以增加孩子對新字詞的聽經驗。

互動流程	**2 從動物園入口處就開始互動**
互動場景	入口處長頸鹿和大象的造景。
互動內容	家長：你看樹後面有一隻什麼東西？ 孩子：有一隻長頸鹿！ 家長：哇！你好厲害！你看到了在吃樹葉的長頸鹿，它的脖子好長好長！而且長頸鹿怎麼這麼高呀！ 家長：長頸鹿的旁邊還有一個又高又大的蛋糕！  活動照片 4-1 語言技巧 使用【延伸和示範】的技巧，家長依據孩子的興趣為中心，當孩子從事一項有興趣的主題或活動時，即做此活動相關語言的延伸和示範。 例如：針對孩子所說的長頸鹿，延伸長頸鹿的特徵及示範較長的完整句型。 孩子：還有，長頸鹿的尾巴長長的。 家長：對！它有長長的尾巴！你還看到什麼動物呢？ 孩子：還有大象！ 家長：對！是長鼻子的大象！ 語言技巧 使用【評論】的技巧，家長在與孩子對話互動時，針對話題做出一些評論，藉以鼓勵孩子繼續表達。 例如：肯定孩子說出動物特徵，並鼓勵孩子找出其他動物。

互動流程	**3 進入園內觀賞動物**
互動場景	紅鶴觀賞步道。
互動內容	孩子：（手指向紅鶴）那個是什麼？ 家長：那個是「火鶴」，牠也叫「紅鶴」。 孩子：牠起來了！ 家長：對！「紅鶴」睡覺起床了！

活動照片 4-2

語言技巧 使用【命名】的技巧，家長將孩子想說、卻不會說的事物表達出來；同時針對孩子的回答做【延伸和示範】。

　　例如：說明「紅鶴」並且針對孩子所說的語句延伸，示範更完整的句型。

孩子：牠在喝水！
家長：對！有一隻「紅鶴」把頭伸進水裡喝水。「紅鶴」還在做什麼呢？
孩子：整理羽毛。
家長：對！「紅鶴」在整理羽毛。

語言技巧 使用【評論】的技巧，家長在與孩子對話互動時，針對話題做出一些評論，藉以鼓勵孩子繼續表達。

　　例如：肯定孩子說出的答案，並可透過手勢或眼神引導孩子繼續表達其他的紅鶴在做些什麼。

互動流程	**4 帶孩子到兒童觀賞區，觀賞動物**
互動場景	兒童觀賞區。
互動內容	家長：動物園裡還有好多動物，我們左轉去看看有什麼小動物吧！這是什麼動物？ 孩子：是白鵝！ 家長：對！是白白胖胖的、翅膀有白色羽毛的白鵝。你看牠在做什麼？ 孩子：牠在睡覺！ 家長：對！牠趴在地上睡覺，牠把頭埋在翅膀裡面睡覺。 孩子：你看旁邊還有耶！ 家長：對耶！還有好多動物，我們一起去看看還有什麼動物吧！ 語言技巧　使用【延伸和示範】以及【評論】的技巧，家長依據孩子的興趣為中心，當孩子從事一項有興趣的主題或活動時，即做此活動相關語言的延伸和示範；並鼓勵孩子繼續表達。 例如：針對孩子所說的內容（如：白鵝）示範較長的完整句型，並引導孩子觀察動物。

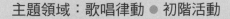

主題領域：歌唱律動 ● 初階活動

05 伊比捏捏按摩趣

設計者：林珈霈

互動地點｜家中舒服角落

互動媒材｜乳液、沙鈴／手搖鈴、觸覺刷、絲巾等

互動目標｜名　　詞：腳腳及其他身體部位

　　　　　動　　詞：搓、捏、壓、刷（觸覺刷）、敲（手搖鈴）

　　　　　延伸目標：透過與孩子的身體接觸，可以增進親子關係，並

　　　　　　　　　　藉由各種物品、動作帶給孩子不同的感官刺激。

〔語言技巧示範〕

重複重要訊息片段

強調聲學特性

平行對話

自我對話

〔活動影片〕

互動流程	**1 在準備按摩的過程中，帶入稍後會使用到的目標詞彙**
互動場景	在舒服的角落，讓孩子穿著方便按摩的服裝。
互動內容	家長：我們要來一邊唱歌、一邊按摩囉！我們要來塗乳液按摩按摩，「搓一搓」、「捏一捏」！ 家長：乳液在哪裡？媽媽找一找！喔！乳液在這裡！媽媽「壓一下」，來抹一點在手上，再把手手「搓一搓」！我們要來「搓一搓」囉！你準備好了嗎？ 小叮嚀 可觀察孩子的行為反應是否注意到大人正在進行的動作，必要時可放慢速度，給孩子時間觀察。 語言技巧 透過【強調聲學特性】及【重複重要訊息片段】來幫助孩子理解不同的詞彙。 例如：「搓一搓」。
互動流程	**2 帶孩子認識自己的身體部位，並加入唱歌搭配動作幫孩子按摩**
互動場景	在舒服的角落，讓孩子穿著方便按摩的服裝。
互動內容	孩子：（揮舞四肢） 家長：來囉！我們先來搓「腳腳」！你的「腳腳」呢？你在「踢」「腳腳」喔！「腳腳」「踢」「踢」「踢」！不要「踢」啦！我們要把「腳腳」抬起來囉！ 語言技巧 使用【平行對話】的技巧，以孩子為中心，說出孩子正在做的動作；並可【重複重要訊息片段】來幫助孩子理解該詞彙。 例如：「腳腳」和「踢」。 家長（唱歌）： 　　　　伊比「搓搓」伊比伊比「搓」～（右腳） 　　　　伊比「搓搓」伊比伊比「搓」～（左腳） 　　　　伊比「搓搓」伊比伊比「搓搓」～（腳底） 　　　　伊比伊比「搓搓」伊比伊比「搓」～（雙腳）

活動照片 **5-1**

互動流程	**3** **更換不同物品、動作並加入節奏、速度變化改編歌詞進行按摩**
互動場景	在舒服的角落，讓孩子穿著方便按摩的服裝。
互動內容	家長：換個部位，再來一次！我們這次要來「捏一捏」囉！手手在哪裡？手手在這裡！手手「捏一捏」！還有肚肚「捏一捏」、臉臉「捏一捏」、耳朵也「捏一捏」！「腳腳」呢？「腳腳」「捏一捏」、腿腿「捏一捏」！

活動照片 **5-2**

語言技巧 使用【自我對話】的技巧，家長說出自己正在想或正在做的事，藉以讓孩子知道如何使用語言。

例如：捏不同的身體部位等。

家長（唱歌）：

伊比「捏捏」伊比伊比「捏」～（兩側肩膀至手臂按壓）

伊比「捏捏」伊比伊比「捏」～（兩側鎖骨至正面手臂）

伊比「捏捏」伊比伊比「捏捏」～（兩側肩膀至手臂按壓）

伊比伊比「捏捏」伊比伊比「捏」～（兩側肩膀至大腿雙側）

小叮嚀 可以有不同的速度、節奏變化，也可替換為不同的動詞，如：

伊比刷刷：觸覺刷四肢內側。

伊比敲敲：手搖鈴敲給孩子看。

伊比飄飄：絲巾輕蓋孩子的臉到四肢。

伊比摸摸：輕摸孩子頭髮、臉部、四肢。

伊比戳戳：輕戳孩子搔癢。

伊比拍拍：帶孩子拍拍手或輕拍孩子身體。

伊比踢踢：帶孩子做出踢腿的動作、踢給孩子看。

伊比拉拉：不同方向輕拉孩子四肢。

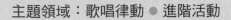

主題領域：歌唱律動 ● 進階活動

06 心情魔法師

設計者：鍾雅婷

互動地點｜家中任何空間

互動媒材｜手機（內有高興／難過／害怕／生氣的表情照片）

　　　　　心情圖卡（高興／難過／害怕／生氣）

　　　　　音樂播放器（「說哈囉」歌曲音樂）

互動目標｜名　詞：心情

　　　　　形容詞：高興、難過、害怕、生氣

〔語言技巧示範〕

暗示和時間延宕

延伸和示範

〔活動影片〕

互動流程	**1 討論不同的心情和感受**
互動場景	與孩子坐在一起，討論心情和感受。
互動內容	家長：跟你分享一首有關心情的歌曲，你有聽過嗎？

小叮嚀 家長可以使用任何播放軟體播放一段「說哈囉」的歌曲，亦可用哼唱的方式來進行分享。

家長：你知道我們人會有哪些心情嗎？
孩子：剛剛聽到開心、生氣，還有害怕。
家長：還有嗎？你還有想到其他心情嗎？

語言技巧 使用【暗示和時間延宕】技巧，由家長給孩子非口語的提示，並提供一段時間以等待孩子有所反應。
例如：提問後，用眼神注視鼓勵孩子思考並給予一些時間等待回覆。

活動照片 6-1

家長：什麼時候你會覺得很開心呢？當你開心時，可能是遇到哪些事情？
孩子：玩遊戲的時候很開心，收到禮物也很開心。
家長：如果你很開心會想要做什麼動作？
孩子：一直笑，笑個不停。
家長：沒錯！（眼神加上點頭）我也是；那除了大聲笑，你還會做什麼表情或動作呢？
孩子：我會拍拍手。
家長：對耶！還有嗎？

語言技巧	使用【評論】的技巧，家長在與孩子對話互動時，針對話題做出一些評論，藉以鼓勵孩子繼續表達。 **例如**：先給予肯定再提問（「對耶～還有呢？還想到什麼？」）
互動流程	**2 一起哼唱心情的歌曲**
互動場景	一起站起來唱跳。
互動內容	家長：那來唱看看唷！「如果你很開心你就大聲笑～哈哈」（唱），「如果你很開心你就大聲笑～哈哈」（唱）。 小叮嚀 家長可以一邊唱一邊提醒孩子可以做出哪些對應心情的動作，或是用接唱方式進行歌曲律動。
互動流程	**3 使用圖卡討論每種心情的動作**
互動場景	將心情圖卡一一拿出討論。
互動內容	家長：他看起來是什麼心情？他為什麼會有這個心情？那我們可以用什麼動作來代表這個心情呢？ 小叮嚀 家長使用心情圖卡的四種心情，先和孩子討論心情發生的事件，例如：看到蟑螂會很害怕。接續討論歌曲中此心情要表現的動作，例如：害怕可以抖抖手、難過可以大聲哭。  活動照片 6-2

	孩子：他看起來是在哭哭，可能是跌倒很痛就哭了，哭的時候會一直流眼淚或是揉眼睛。
互動流程	**4 一起進行心情律動遊戲**
互動場景	抽完圖卡，搭配音樂邊唱邊跳。
互動內容	家長：我們來玩一個遊戲，就是一邊唱歌，一邊變換不一樣的心情。首先抽出一張卡片，看一下卡片上是什麼心情。如果卡片是「開心」，就要唱開心的歌。 家長：換你試試看。你抽到哪一種心情的卡片呢？ 孩子：我抽到「生氣」的卡片。 家長：生氣就是憤怒，你覺得憤怒的時候可以做什麼動作？ 孩子：憤怒的時候會嘟嘴。 家長：對！我憤怒的時候除了會嘟嘴，我可能還會跺腳或是手叉腰。

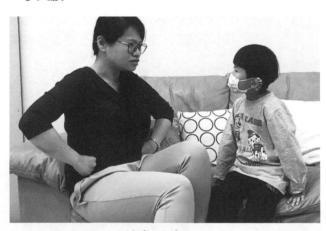

活動照片 6-3

語言技巧 使用【延伸和示範】的技巧，家長依據孩子的興趣為中心，當孩子從事一項有興趣的主題或活動時，即做此活動相關語言的延伸和示範。

例如：其他心情詞彙的延伸、產生心情的事件延伸或是代表心情動作的延伸。

互動流程	**5 分享律動遊戲後的感受**
互動場景	音樂播放結束，一起找地方坐下。
互動內容	家長：你覺得剛剛玩的律動遊戲有趣嗎？可以分享你最喜歡唱哪一段心情的歌曲？為什麼？ 孩子：我最喜歡開心的時候可以大聲哈哈笑，因為越笑會越開心。 家長：對呀！「開心」一詞也可以改成「高興」或是「快樂」。這首歌可以自己換不同的心情，之後再請你幫我們想想別的心情來帶入這首歌曲囉！

歌唱律動 ● 進階活動

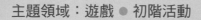

主題領域：遊戲 ● 初階活動

07 小小運動會

設計者：丁文婷

互動地點｜家中房間

互動媒材｜大浴巾、聲光玩具、球（各種不同觸感）

互動目標｜形容詞：軟軟的、亮亮的、刺刺的（可根據實際準備的物品
做變換）

動　詞：爬、拍、摸、丟（可根據實際的動作做變換）

〔語言技巧示範〕

重複重要訊息片段
強調聲學特性
平行對話
自我對話

〔活動影片〕

互動流程	**1 鋪放浴巾，並帶孩子感受浴巾觸感**
互動場景	在房間內，並鋪好浴巾。
互動內容	家長：這裡有一條「軟軟的」毛巾喔！摸起來「軟軟的」毛巾！你看，毛巾「軟軟的」，可以捏捏。「軟軟的」好舒服喔！

活動照片 7-1

語言技巧 使用【重複重要訊息片段】，家長透過【強調聲學特性】的方式，讓重要訊息重複出現，來促進並幫助孩子接收或理解詞彙。

例如：重複並強調「軟軟的」。

互動流程	**2 家長示範爬到浴巾的另一端**
互動場景	家長準備開始爬，讓孩子在一旁觀看。
互動內容	家長：軟軟的浴巾放這邊！等等媽媽要在上面爬爬爬！準備好要爬爬爬囉！你看！媽媽在爬爬爬，用手手和腳腳爬爬爬，我還要「爬爬爬」喔！

活動照片 7-2

小叮嚀 家長邊做動作，同時確認孩子的注意力是否有跟隨，並且不斷描述出「爬」的過程。

家長：快到了！快到了！媽媽在爬——爬！耶！到了、到了！媽媽剛剛有爬爬爬、爬～過來！等等換你來爬爬喔！

語言技巧 使用【自我對話】的技巧，家長說出自己正在想或正在做的事，藉以讓孩子知道如何使用語言。
例如：描述自己正在爬的過程，讓孩子聆聽動詞「爬」的使用，以及提升目標語的豐富性。

互動流程	**3 輪到孩子進行爬行遊戲**
互動場景	讓孩子在浴巾的一端，家長在孩子對側叫喚，引導孩子爬行。
互動內容	家長：媽媽剛剛有「爬爬爬」！換你來「爬爬爬」！來「軟軟的」毛巾「爬爬爬」！ 家長：哇～你在「爬爬爬」，在「軟軟的」毛巾上面「爬爬爬」！好棒！你會「爬爬爬」！快到了！快到了！再爬～過來！

活動照片 7-3

語言技巧	使用【平行對話】的技巧，以孩子為中心，說出孩子正在做的動作；並可【重複重要訊息片段】來幫助孩子理解該詞彙。 **例如**：描述孩子正在爬的過程。
互動流程	**4 操作聲光玩具烏龜**
互動場景	孩子與家長在浴巾同側，並拿出聲光烏龜一起玩。
互動內容	家長：爬過來的小朋友可以玩「烏龜」喔！是會「亮亮的」烏龜！媽媽「拍一拍」！哇～烏龜「亮亮的」！還會唱歌喔！ 孩子：（孩子拍了亮光處） 家長：對！有「亮亮的」！烏龜會「亮亮的」喔！ 小叮嚀 當孩子對亮亮的有所反應，並發出聲音表示想要再看亮亮的，家長要立即回應孩子感興趣的事物，這麼做可以引發孩子下次還會想用動作或發聲來互動。 語言技巧 使用【命名】的技巧，家長將孩子想說、卻不會說的事物表達出來。 **例如**：孩子看到發光的玩具有所反應，家長將玩具的狀態描述出來。

互動流程	**5** 更換玩球活動，觸摸以及投放不同觸感的球
互動場景	將觸覺球放在身後，先介紹觸覺球的不同觸感，再呈現出來讓孩子實際感受。
互動內容	家長：這裡有什麼？我摸一摸。哇～有一顆「刺刺的」「球球」。 家長：「刺刺的」「球球」給你摸一摸，「刺刺的」「球球」滾一滾。 小叮嚀 家長把球放在孩子看不到的地方，例如：身後，先讓孩子聽家長描述球的觸感，再拿出身後的球，把球放在孩子的四肢上滾動，讓孩子用身體去感受觸感。 家長：我們來丟「刺刺的」「球球」，丟給爸爸，再丟給媽媽。 家長：哇！你的手伸出來，拿著「球球」，你丟「球球」，「球球」丟出去了。 語言技巧 使用【平行對話】的技巧，以孩子為中心，說出孩子正在做的動作；並可【重複重要訊息片段】來幫助孩子理解該詞彙。 例如：你的手伸出來，拿著球球。

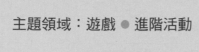

08 家中有個寶藏山

設計者：余雅筑

互動地點 ｜ 家中任何空間

互動媒材 ｜ 拼圖

互動目標 ｜ 名詞：房間、客廳、廁所、廚房

名詞：寶藏、拼圖

動詞：藏

介詞：裡面、上面、下面、前面、後面、旁邊

說明：此遊戲設計之寶藏為拼圖的原因，是因為當孩子找到一片片拼圖時，會期待著找下一片，找到越多拼圖代表孩子找到的寶藏越來越多，但也代表遊戲快結束了，快要可以把所有拼圖拼起來並完成作品。

〔語言技巧示範〕

暗示和時間延宕

延伸和示範

評論

〔活動影片〕

互動流程	**1** **討論寶藏遊戲**
互動場景	與孩子坐在一起，討論寶藏遊戲。
互動內容	家長：我們今天要來玩找寶藏的遊戲，你最想要找到什麼寶藏呢？ 孩子：（孩子思考）……我不知道耶。  活動照片 **8-1** 家長：你喜歡拼圖嗎？我們來找「拼圖」這個寶藏，拼圖是一片一片的，可以拼起來的拼圖，很好玩。你想找到什麼圖案的拼圖呢？ 孩子：（孩子思考）我想要 Elsa 的拼圖。 家長：我也喜歡 Elsa，她長得好漂亮。那我們一起去找寶藏吧！ **語言技巧** 使用【暗示和時間延宕】技巧，由家長給孩子非口語的提示，並提供一段時間以等待孩子有所反應。 *例如*：等待孩子回應想要的寶藏。
互動流程	**2** **藏拼圖寶藏**
互動場景	將拼圖寶藏一片片分開藏在家中的任何空間。

互動內容	家長：我要開始藏寶藏了，請你把眼睛閉起來，不可以偷看喔～ 家長：哇～我要藏在這裡，你一定找不到。藏在這裡太棒了。我藏好了！ 小叮嚀 家長藏寶藏時可規定孩子從 1 數到指定的數字，才可張開眼睛；同時不忘與孩子對話，可使用豐富語調故弄懸疑，營造有趣的遊戲感。
互動流程	**3 討論寶藏藏在哪裡**
互動場景	與孩子坐在一起，討論寶藏藏在哪裡。
互動內容	家長：我已經把拼圖寶藏藏好了，藏在房間、客廳還有廚房，你想要先從哪個地方找一找？ 孩子：睡覺的那裡。 家長：好，那我們從你睡覺的房間開始找，我們去找找看拼圖是不是藏在房間的床上面、棉被和枕頭下面，還有房間的衣櫃裡面也要找一找喔！ 孩子：對，我要去房間找寶藏。 語言技巧 使用【延伸和示範】的技巧，家長依據孩子的興趣為中心，當孩子從事一項有興趣的主題或活動時，即做此活動相關語言的延伸和示範。 例如：延伸孩子所說的「睡覺的那裡」，說出睡覺的地方是「房間」，以及房間裡有的擺設。
互動流程	**4 開始尋寶遊戲**
互動場景	帶著孩子到家中的任何空間尋找藏好的拼圖；可由家長示範如何找寶藏以及輸入找寶藏時適當的語言內容。
互動內容	家長：我們來找一找衣櫃裡面有沒有拼圖。咦？沒有拼圖。再找一找床的上面有沒有拼圖。咦？也沒有拼圖。那我們去廚房找一找吧！ 家長：我們剛才在房間找不到寶藏，那現在我們來廚房找一找拼圖寶藏在哪裡。

互動內容	**小叮嚀** 找寶藏時可搭配豐富的語調和動作，例如：找不到拼圖時，做出沮喪的表情或動作；找到拼圖時，做出驚訝的表情或動作，說話的聲調顯得開心。也可在發生的事件同時輸入情緒，例如：「你找不到有點沮喪對不對？」、「你找到了好開心喔！」

家長：廚房裡有好多東西喔～你有看到廚房裡面有什麼嗎？

活動照片 8-2

孩子：冰箱。

家長：對！除了冰箱，還有什麼呢？

孩子：果汁機和水龍頭，還有烤箱。

家長：對對對！那你會用烤箱做什麼事情呢？

孩子：烤麵包。

家長：對！我也會烤麵包！那寶藏會不會藏在烤箱裡面？

孩子：耶！找到我最喜歡的 Elsa 寶藏了！

活動照片 8-3

	語言技巧 使用【評論】的技巧，家長在與孩子對話互動時，針對話題做出一些評論，藉以鼓勵孩子繼續表達。 例如：請孩子想一想廚房裡面有什麼物品，鼓勵孩子說出來並且肯定孩子說的答案。

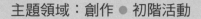

主題領域：創作 ● 初階活動

09 動手做麵包

設計者：鍾雅婷

互動地點｜廚房的餐桌

互動媒材｜麵糰、壓模、盤子、保鮮膜、烤箱、麵包（擬真或實體）

互動目標｜名　　詞：麵包

　　　　　形 容 詞：香香的

　　　　　動　　詞：壓

　　　　　延伸目標：可以向孩子介紹麵包的形狀（如：長、圓等）、

　　　　　　　　　　觸感或味道（如：香、軟等）。

〔語言技巧示範〕

命名

平行對話

自我對話

重演

〔活動影片〕

互動流程	**1** 以問句和肢體動作吸引孩子注意
互動場景	無
互動內容	家長：肚子好餓，我想吃麵包。你要不要吃麵包呢？
	小叮嚀 家長表達餓的感覺時，需讓孩子看見飢餓表情和搓肚子的動作。
	家長：我們一起來做麵包，做完再一起吃麵包。
互動流程	**2** 準備環境，以及尋找材料和示範做法
互動場景	帶著孩子到廚房的餐椅上坐下來，並從廚房各處找出材料。
互動內容	家長：我們先坐下來，再用保鮮膜鋪桌子。
	小叮嚀 家長可以獨立或與孩子協力用保鮮膜鋪桌面，也讓孩子認識保鮮膜及感受保鮮膜的觸感。
	家長：鋪好了，我們要來做麵包唷！做麵包要準備麵糰，放在鍋子裡的麵糰。做麵包還要麵包的模型，媽媽今天想要用「花花」和「小鳥」的模型。喔！少了裝麵包的盤子。
	家長：媽媽把麵糰先搓一搓再壓平，蓋上圖案再放到盤子上。
	活動照片 9-1

	小叮嚀 記得跟隨孩子能等待或是能專注的時間，調整自我對話的句長。
	語言技巧 使用【自我對話】的技巧，家長說出自己正在想或正在做的事，藉以讓孩子知道如何使用語言。例如：找材料的過程。
互動流程	3 一起製作
互動場景	讓孩子選擇想要的模型，再開始製作。
互動內容	家長：我們要來做麵包囉！弟弟想要哪個模型？喔！你想要花花的模型！我幫你拿花花的模型，你把模型「壓」在麵糰上。 家長：接著要「壓一壓」，你自己「壓一壓」，弟弟「壓」得好用力，弟弟「壓」出花花的圖案了！ 家長：弟弟把「壓」好的麵糰放到盤子上，把盤子放到烤箱裡烤一烤。  活動照片 9-2 小叮嚀 製作過程中若孩子出現其他行為（如：吃、捏），家長不要忽略孩子隨機表現的行為，可先描述孩子正在做的行為，再鼓勵回到製作麵包的流程中。

	語言技巧	使用【平行對話】的技巧，以孩子為中心，說出孩子正在做的動作；並使用【重複重要訊息片段】，讓重要訊息重複出現，來促進並幫助孩子接收或理解詞彙。 例如：弟弟「壓」得好用力。
互動流程	4 享用食物	
互動場景	把烤好的麵包放在盤子上。	
互動內容	家長：哇！麵包烤好了，麵包好香喔！ 孩子：（孩子手指麵包） 家長：你想要吃麵包是不是？你想要吃長長的麵包？你要自己拿麵包嗎？ 小叮嚀 孩子年幼時所呈現的語言可能是肢體（如：手指指物）、眼神（如：注視某物）或是單音（ㄚ），家長需嘗試用發問的方式，猜測孩子想表達的意思，進而接著輸入適當的語言。 語言技巧 使用【重演】的技巧，家長將孩子表達的詞彙轉化為問句形式。 例如：你要拿麵包嗎？你想吃麵包嗎？	
互動流程	5 介紹其他品項	
互動場景	將完成的麵包都放在大盤子或桌上。	
互動內容	家長：你剛剛吃了長長的麵包，你還想要吃麵包嗎？這個是「熱狗麵包」，「熱狗麵包」裡面有放熱狗，還有青菜。 家長：「熱狗麵包」太大了，我把「熱狗麵包」切一半，再給你吃，麵包吃完就不餓了！	

活動照片 9-3

語言技巧 使用【命名】的技巧，家長將孩子想說、卻不會說的事物表達出來。

例如：不同種類的麵包名稱等。

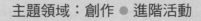

主題領域：創作 ● 進階活動

⑩ 小小藝術家

設計者：張宇彤

互動地點｜客廳

互動媒材｜白紙、色紙（內含綠色、咖啡色色紙）、圓點貼紙（顏色不拘）、膠水

互動目標｜名　　詞：聖誕樹、形狀

　　　　　　　動　　詞：裝飾

　　　　　　　副　　詞：沿著

　　　　　　　延伸目標：認識形狀名稱（如：三角形、長方形、圓形）和新詞（如：邊緣、布置）

〔語言技巧示範〕

重複重要訊息片段
強調聲學特性
自我對話
延伸和示範
評論
重演

〔活動影片〕

互動流程	**1 以圖片引起孩子的興趣，討論與聖誕樹相關的詞彙**
互動場景	與孩子坐在一起，討論聖誕樹的圖片。
互動內容	家長：聖誕節要到了，我在外面有看到「聖誕樹」喔！我好喜歡「聖誕樹」。你想看「聖誕樹」嗎？我有「聖誕樹」的圖片，我們一起來看「聖誕樹」吧！ 家長：這棵高高的就是「聖誕樹」，「聖誕樹」有綠色的葉子，「聖誕樹」上面還有好多裝飾，「聖誕樹」頂端還可以放一顆星星。 **語言技巧** 使用【強調聲學特性】及【重複重要訊息片段】的技巧，幫助孩子理解不同的詞彙。 　　例如：聖誕樹。 家長：你看「聖誕樹」的形狀好特別喔！你覺得像什麼形狀呀？ 孩子：三角形。 家長：對，「聖誕樹」尖尖的，像三角形喔！那你還有看到其他的形狀嗎？ 孩子：圓形。 家長：對啊！上面的彩球圓圓的像圓形一樣。  活動照片 10-1

	小叮嚀	展示聖誕樹圖片時，可用手指向圖案細節，例如：聖誕樹上的彩球或星星，進而引導及鼓勵孩子表達更多內容。
	語言技巧	使用【評論】及【延伸和示範】技巧，針對話題做出一些評論，並延伸和示範相關的語言內容，藉以鼓勵孩子繼續表達。 **例如**：針對孩子的回答表示讚許，延伸示範如何描述聖誕樹的形狀，並使用「還有呢？」繼續引導。
互動流程	**2 與孩子一同準備材料**	
互動場景	預先將色紙、膠水等材料放在茶几附近的位置。	
互動內容	家長：你看起來很喜歡聖誕樹，那我們一起來做聖誕樹。做聖誕樹要用什麼東西，你知道嗎？ 孩子：要用色紙。 家長：對，做聖誕樹要用色紙，我們要把色紙摺一摺，接著用膠水貼在白色的紙張上。還可以用貼紙，來裝飾漂亮的聖誕樹喔！	
	語言技巧	使用【延伸和示範】的技巧，家長依據孩子的興趣為中心，當孩子從事一項有興趣的主題或活動時，即做此活動相關語言的延伸和示範。 **例如**：針對孩子所說的色紙，延伸其他材料的用法以及示範較長的完整句型。
	孩子：要用這個。 家長：你要綠色的色紙嗎？你要用綠色的色紙做聖誕樹，對嗎？那我們用色紙來製作聖誕樹吧！	
	語言技巧	使用【重演】的技巧，家長將孩子表達的詞彙轉化為問句形式。 **例如**：針對孩子說的綠色，轉為問句的形式：「你要用綠色的色紙做聖誕樹嗎？」

互動流程	**3 與孩子一起製作**
互動場景	將製作材料放在身邊。
互動內容	家長：喔喔！色紙是方的不是三角形。我要把色紙摺成尖尖的形狀，先把色紙對摺成三角形，然後慢慢的沿著摺線壓一壓，最後沿著摺線輕輕撕開色紙。你看！我用手撕開了色紙，變成兩張三角形，可以做成聖誕樹了。 **語言技巧** 使用【自我對話】的技巧，家長說出自己正在想或正在做的事，藉以讓孩子知道如何使用語言。 **例如**：裁剪色紙的過程。 家長：葉子已經貼好了，接下來要裝飾聖誕樹。 孩子：我要用咖啡色。 家長：你想要咖啡色的貼紙嗎？好呀，我們使用咖啡色的貼紙。 孩子：你呢？ 家長：我想用這個。 孩子：黃色嗎？藍色是爸爸的。 家長：對，我想用黃的貼紙。藍色的要留給爸爸嗎？那把藍色的貼紙留給爸爸「裝飾」。我們來貼一貼吧！ 活動照片 10-2

	小叮嚀	可將簡單的製作過程交給孩子，遇困難任務時則適時提供協助，提高孩子的興趣及互動動機。
	語言技巧	使用【重演】的技巧，家長將孩子表達的詞彙轉化為問句形式。 例如：針對孩子說的咖啡色，轉為問句的形式：「你想要咖啡色的貼紙嗎？」
互動流程	**4 分享與討論**	
互動場景	備好照片與手作的成品做對照。	
互動內容	家長：你看這張照片裡面也有聖誕樹，我們做的樹和真的聖誕樹一樣漂亮！你喜歡這棵聖誕樹嗎？ 孩子：喜歡。 家長：為什麼喜歡呢？ 孩子：有好多貼紙。 家長：我也很喜歡這棵用好多彩色貼紙裝飾的聖誕樹喔！	

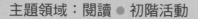

主題領域：閱讀 ● 初階活動

⑪ 好玩的布書

✏ 設計者：林珈霈

互動地點｜舒適的閱讀角落

互動媒材｜感官刺激布書 *Jungly Tails*（Jellycat 發行）

依照書中內容搭配實際物品（如：與羊尾巴有相似觸感的毛巾）

可以遮蔽書本的物品（如：絲巾、紙盒／箱、布袋）

互動目標｜名　　詞：尾巴、羊、馬及其他動物名稱

動　　詞：摸、拉、打開、捏、看、搓

溝通意圖：給我、我要拿、還要、不要了

〔語言技巧示範〕

命名

自我對話

重演

〔活動影片〕

互動流程	**1 以觸覺引發孩子興趣**
互動場景	孩子趴臥或仰臥在舒適搖椅、軟墊或床上，家長在孩子側邊。
互動內容	家長：咦？這是什麼東西？是「尾巴」！「尾巴」來囉！ 家長：癢癢的！是什麼呀？好癢喔！是什麼東西？喔～是「尾巴」！我摸到軟軟的「尾巴」、長長的「尾巴」，好多好多不一樣的「尾巴」！ 小叮嚀 與孩子眼神接觸，並用書本邊緣的動物尾巴輕掃孩子的四肢，同時等待孩子的反應。 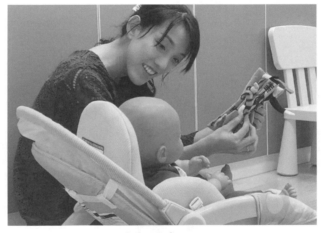 活動照片 **11-1** 語言技巧 使用【自我對話】的技巧，家長說出自己正在想或正在做的事，藉以讓孩子知道如何使用語言；並使用【重複重要訊息片段】，讓重要訊息重複出現，來促進並幫助孩子接收或理解詞彙。 例如：找尾巴、觸摸尾巴等。
互動流程	**2 開始介紹孩子注意到的動物圖案**
互動場景	孩子趴臥或仰臥在舒適搖椅、軟墊或床上，家長在孩子側邊。

互動內容	孩子：（手伸向書，想要看書）
	家長：你要翻書嗎？你要往後翻對不對？你要打開嗎？我們再來看看這是誰的尾巴。

語言技巧 使用【重演】的技巧，家長將孩子表達的詞彙轉化為問句形式。

例如：你要往後翻對不對？

孩子：（手摸向書中綿羊的圖案）

家長：這是誰呀？這是「羊咩咩」！毛毛的尾巴在這裡，軟軟毛毛的好舒服（引導孩子觸摸），是「羊咩咩」的尾巴，咩～

小叮嚀 也可拿出另一隻實體絨毛玩具增加互動性、延長孩子的專注力。

家長：我還有另外一隻「羊咩咩」，你摸摸看，牠也是毛毛的「羊咩咩」！你要不要摸摸看「羊咩咩」？

孩子：（手抓向書中馬的圖案）

家長：這個是「馬」，會跑跑的「馬」，叩囉叩囉的「馬」，「馬」的尾巴一條一條的！

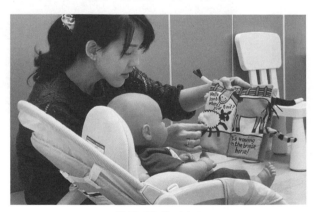

活動照片 11-2

語言技巧 使用【命名】的技巧，家長將孩子想說、卻不會說的事物表達出來。

例如：羊咩咩、馬……等。

互動流程	③ 跟隨孩子的興趣共同延伸探索
互動場景	孩子開始啃咬書本或嘗試丟開書本。
互動內容	孩子：（開始啃咬書本） 家長：你在咬咬喔！書好吃嗎？你在咬什麼？你在咬豬豬的「尾巴」？咦！怎麼有聲音？ 小叮嚀 跟隨孩子正在做的事情持續描述，也可由家長操作書中機關來吸引孩子注意。 家長：哇！你把書丟掉了！不要看書了嗎？那要跟媽媽說不要了（手勢）：「我不要了，媽媽收起來，牛牛掰掰！公雞掰掰！」 語言技巧 使用【平行對話】的技巧，以孩子為中心，說出孩子正在做的動作。 　　　　例如：咬或丟掉書本。
互動流程	④ 讓孩子觸摸與書中相同觸感的物品
互動場景	孩子趴臥或仰臥在舒適搖椅、軟墊或床上，家長在孩子側邊。
互動內容	孩子：（摸著羊的尾巴） 家長：你在摸羊的尾巴，羊的尾巴毛毛的，毛巾摸起來也是毛毛的，毛毛的毛巾可以擦擦臉。 家長：毛巾摸起來毛毛的，羊的尾巴摸起來也是毛毛的，一樣都是毛毛的。 家長：我們去找一找，家裡面還有什麼東西一樣是毛毛的呢？ 小叮嚀 讓孩子用身體感受毛巾和書中羊咩咩的尾巴觸感，並告訴孩子這兩種是一樣的觸感，可提升孩子相同觸感的配對能力。

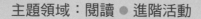

12 好忙的蜘蛛

設計者：林珈霈

互動地點｜舒適的閱讀角落

互動媒材｜繪本《好忙的蜘蛛》（1992 年，上誼文化出版）

搭配繪本的玩偶或物品（如：蜘蛛玩偶、以毛線代表蜘蛛絲等）

互動目標｜名　詞：動物及其相關名稱（如：蜘蛛─網子／絲、馬─鬃毛等）

動　詞：與動物行為相關的動詞（如：吐絲、織網、奔跑、吃草等）

疑問句：一起……好不好？要不要一起……？為什麼？

〔語言技巧示範〕

命名

暗示和時間延宕

延伸和示範

〔活動影片〕

互動流程	**1 討論繪本封面**
互動場景	舒適的閱讀角落。
互動內容	家長：你看這是誰呀？ 孩子：小蜘蛛。 家長：對！是八隻腳的小蜘蛛，小蜘蛛一直爬來爬去，我們 來看看蜘蛛起床之後去了哪裡呀？  活動照片 12-1 語言技巧　使用【延伸和示範】的技巧，家長依據孩子的興 趣為中心，當孩子從事一項有興趣的主題或活動 時，即做此活動相關語言的延伸和示範。 　　例如：針對孩子所說的小蜘蛛，延伸蜘蛛的特性 以及示範較長的完整句型。 家長：這裡怎麼有一條細細長長的線呀？你摸摸看這是什麼 東西呢？你知道嗎？ 孩子：（一邊摸一邊搖頭） 家長：這是絲，是蜘蛛吐出來的絲，它是輕飄飄的「蜘蛛 絲」，細細長長的「蜘蛛絲」。

	小叮嚀 可搭配毛線等實際物品作為道具，加深孩子的印象以及親子共讀的趣味性。
	語言技巧 使用【命名】的技巧，家長將孩子想說、卻不會說的事物表達出來。 例如：發現孩子不知道蜘蛛絲，家長將其解釋給孩子聽。
互動流程	2 討論繪本：馬與蜘蛛
互動場景	舒適的閱讀角落。
互動內容	家長：叩囉叩囉叩囉！嘶～（發出馬的叫聲）是誰來了呀？有一隻四條腿、會在草地上跑很快的動物來了！你知道是誰嗎？ 孩子：馬！ 家長：對！是會吃草的馬！牠最喜歡跑步了！那你知道牠的脖子上有什麼東西嗎？ 孩子：（停頓思考許久） 家長：牠的脖子後面有鬃毛，好像我們的頭髮一樣！你看鬃毛在這裡！牠跑很快的時候，鬃毛就會被風吹起來，就像頭髮一樣。
	小叮嚀 閱讀的內容可依孩子的理解程度做調整，延伸孩子較不熟悉的詞彙或觀念，不須照著書中的文字朗讀。
	語言技巧 使用【暗示和時間延宕】技巧，由家長給孩子非口語的提示，並提供一段時間以等待孩子有所反應。 例如：給予時間讓孩子思考問題的答案。
互動流程	3 繼續討論繪本：鴨子與蜘蛛
互動場景	舒適的閱讀角落。
互動內容	家長：鴨子來了！你有在動物園看到鴨子對不對？你知道鴨子最喜歡做什麼事嗎？ 孩子：（沉默思考） 家長：鴨子最喜歡……睡覺？ 孩子：鴨子最喜歡去游泳。

家長：對！鴨子最喜歡去水裡面游泳！那你有看到鴨子會用
　　　牠的嘴巴做什麼事情？

孩子：整理羽毛。

家長：對！鴨子用牠的嘴巴整理羽毛，要把羽毛梳整齊唷！
　　　所以鴨子就趴趴趴地走過來問小蜘蛛說……

孩子：牠沒空。

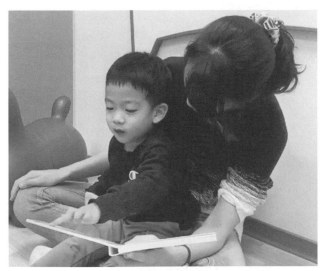

活動照片 12-2

小叮嚀　可結合孩子的生活經驗，串連書中所看到的畫面，
　　　　整合動物相關知識。

語言技巧　使用【暗示和時間延宕】技巧，由家長給孩子非
　　　　　口語的提示，同時提供一段時間以等待孩子有所
　　　　　反應；並使用【延伸和示範】的技巧，家長依據
　　　　　孩子的興趣為中心，當孩子從事一項有興趣的主
　　　　　題或活動時，即做此活動相關語言的延伸和示
　　　　　範。

　　　　　例如：等待孩子回答鴨子喜歡做的事情，將孩子
　　　　　說的話加以延伸及拓展。

Note

國家圖書館出版品預行編目（CIP）資料

語言起步走：學前幼兒語言誘發活動書／林桂如，
　洪右真，余雅筑等著；林桂如主編 . -- 初版 . --
　新北市：心理出版社股份有限公司, 2022.04
　　面；　公分 . --（溝通障礙系列；65045）
　ISBN 978-986-0744-71-2（平裝）

1. CST: 幼兒語言發展

523.16　　　　　　　　　　　　　111002314

溝通障礙系列 65045

語言起步走：學前幼兒語言誘發活動書

主　　編：林桂如
作　　者：林桂如、洪右真、余雅筑等
繪 圖 者：杜明蓁
執行編輯：林汝穎
總 編 輯：林敬堯
發 行 人：洪有義
出 版 者：心理出版社股份有限公司
地　　址：231026 新北市新店區光明街 288 號 7 樓
電　　話：(02) 29150566
傳　　真：(02) 29152928
郵撥帳號：19293172 心理出版社股份有限公司
網　　址：https://www.psy.com.tw
電子信箱：psychoco@ms15.hinet.net
排 版 者：龍虎電腦排版股份有限公司
印 刷 者：龍虎電腦排版股份有限公司
初版一刷：2022 年 4 月
Ｉ Ｓ Ｂ Ｎ：978-986-0744-71-2
定　　價：新台幣 200 元